Carl Ferdinand Roemer

Die fossile Fauna der silurischen diluvialgeschiebe von

Sadewitz bei Oels

in Nieder-Schlesien eine palaeontologische Monographie

Carl Ferdinand Roemer

Die fossile Fauna der silurischen diluvialgeschiebe von Sadewitz bei Oels
in Nieder-Schlesien eine palaeontologische Monographie

ISBN/EAN: 9783744611435

Hergestellt in Europa, USA, Kanada, Australien, Japan

Cover: Foto ©ninafisch / pixelio.de

Weitere Bücher finden Sie auf **www.hansebooks.com**

DER KÖNIGLICHEN

UNIVERSITÄT BRESLAU

BRINGT ZUR FEIER

IHRES FÜNFZIGJÄHRIGEN JUBILÄUMS

DIE

SCHLESISCHE GESELLSCHAFT FÜR VATERLÄNDISCHE KULTUR

IHRE BESTEN GLÜCKWÜNSCHE DAR.

———— ♦ ————

BRESLAU,
DRUCK VON ROBERT NISCHKOWSKY.
1861.

Die schlesische Gesellschaft für vaterländische Kultur

entbietet der Königlichen Universität zu der heutigen Jubelfeier ihren festlichen Gruss und ihren besten Glück-wunsch. Als ein äusseres Zeichen ihrer theilnehmenden Gesinnung widmet sie der Universität diese, von dem Sekretair der naturwissenschaftlichen Sektion Herrn Prof. Dr. Römer verfasste Festschrift, die zu über-reichen wir die Ehre haben.

Es ist der vaterländischen Gesellschaft vergonnt gewesen, während eines 50jährigen Zeitraumes zugleich mit der Königlichen Universität, an demselben Orte, grossentheils mit denselben Kräften, für dieselben Zwecke: die Pflege, die Förderung, und die Verbreitung der Wissenschaft, wirksam zu sein. Jederzeit haben Mit-glieder der Universität als hervorragende Träger der Ideen der Gesellschaft und ihrer Geistesarbeit sich bezeigt und bethätiget; immer hat die Gesellschaft den grössten Werth darauf gelegt, Hand in Hand mit der Universität ihre Wege zu wandeln. Am heutigen Tage, bei dem Rückblick in die Vergangenheit treten diese Erinnerungen in besonderer Lebhaftigkeit hervor. Sie drängen uns den Wunsch auszusprechen, dass das würdige und freundliche Verhältniss, das Verhältniss gegenseitiger Theilnahme, welches durch ein halbes Jahrhundert hindurch zwischen der Königlichen Universität und der vaterländischen Gesellschaft obgewaltet hat, auch in der Zukunft und durch die Jahrhunderte hindurch erhalten bleiben und fortbestehen möge — zur Befriedigung und Genugthuung der Einzelnen, zu Nutz und Frommen Aller.

Und so sei es!

Im Namen der Gesellschaft

das Präsidium.

Goeppert.   v. Goertz.   Bartsch.   Schildorn.   Elssha.

DIE

FOSSILE FAUNA

DER

SILURISCHEN DILUVIAL-GESCHIEBE

VON

SADEWITZ BEI OELS

IN NIEDER-SCHLESIEN.

EINE PALAEONTOLOGISCHE MONOGRAPHIE

VON

Dr. FERDINAND ROEMER,

ORDENTL. PROFESSOR DER MINERALOGIE AN DER KÖNIGL. UNIVERSITÄT, SECRETAIR DER NATURWISSENSCHAFTEN SECTION DER SCHLESISCHEN GESELLSCHAFT FÜR VATERLÄNDISCHE KULTUR.

MIT SECHS LITHOGRAPHISCHEN UND ZWEI KUPFER-TAFELN.

BRESLAU,
DRUCK VON ROBERT NISCHKOWSKY.
1861.

VORWORT.

Wenn die Schlesische Gesellschaft für vaterländische Kultur der Breslauer Universität zur Feier ihres fünfzigjährigen Jubiläums eine naturhistorische Schrift als Festgabe darbringt, so wird als Gegenstand derselben ein solcher den Vorzug verdienen, welcher der heimathlichen Provinz selbst entnommen ist. Dieser Gesichtspunkt ist für die Wahl des in der vorliegenden Schrift behandelten Stoffes entscheidend gewesen.

Eine bemerkenswerthe für die ganze Ausdehnung des weiten Norddeutschen Tieflandes geltende Erscheinung ist das Vorkommen der sogenannten erratischen Blöcke oder Findlinge, d. i. loser Bruchstücke von Gesteinen, welche regellos über die Oberfläche des Bodens zerstreut, in diesem letzteren ebenso wenig, wie in den zunächst gelegenen deutschen Gebirgen ihre ursprüngliche Erzeugungsstätte haben, sondern aus weit entfernten nordischen Gegenden während der Diluvial-Zeit herbeigeführt sind. Bei weitem am häufigsten sind es Bruchstücke krystallinischer versteinerungsleerer Gesteine, wie Gneiss, Granit, Diorit u. s. w. und nur diese erregen durch ihre Häufigkeit, durch ihre bedeutende oft viele Kubikfuss betragende Grösse und durch ihre technische Verwendbarkeit als Wegebau-Material die Aufmerksamkeit auch des nicht wissenschaftlichen Beobachters. Neben ihnen finden sich nun aber auch Bruchstücke sedimentärer, versteinerungsführender Gebirgsarten und diese haben trotz ihrer viel geringeren Frequenz und trotz der unbedeutenderen, gewöhnlich Faustgrösse oder Kopfgrösse nicht übertreffenden Dimensionen, ein noch höheres wissenschaftliches Interesse, weil bei ihnen die eingeschlossenen organischen Reste einen noch zuverlässigeren Schluss auf das Ursprungsgebiet, in welchem dieselben Gesteine noch anstehend gefunden werden, gestatten und daraus wieder bestimmte Folgerungen für die Richtung der Kräfte sich ergeben, durch welche diese Geschiebe während der Diluvial-Zeit an ihre gegenwärtige Fundstelle geführt worden sind. Die älteste Abtheilung des geschichteten Gebirges hat vorzugsweise solche Geschiebe geliefert. Silurische Kalksteinstücke sind bei weitem die gewöhnlichsten unter den als Geschiebe vorkommenden sedimentären Gesteinen. Auch in Schlesien, so weit es dem Norddeutschen Tieflande angehört, sind dergleichen Silurische Geschiebe überall in den diluvialen Kies- und Sandablagerungen verbreitet. Besondere Beachtung verdienen nun solche Punkte, an welchen dergleichen Silurische Geschiebe nicht blos vereinzelt, sondern in grosser Menge zusammengehäuft vorkommen. Zu diesen Punkten gehört die Umgebung von Sadewitz und einigen benachbarten südöstlich von Oels in Niederschlesien gelegenen Ortschaften. Die Anhäufung der Kalkgeschiebe in geringer Tiefe unter

1

der Oberfläche des Bodens ist hier so gross, dass man seit Jahrhunderten nach demselben gräbt, um Kalk daraus zu brennen, und dass vielfach auf ein anstehendes Lager des Kalksteines an jenen Stellen irrthümlicher Weise geschlossen wurde.

Herr F. Oswald, Apotheker in Oels, hat das Verdienst, zuerst die wissenschaftliche Aufmerksamkeit auf diese Silurischen Kalkgeschiebe von Sadewitz und die zahlreichen in denselben enthaltenen organischen Einschlüsse gelenkt zu haben. Während einer längeren Reihe von Jahren hat er mit lebhaftem Eifer und unermüdlicher Ausdauer die Versteinerungen dieser Geschiebe gesammelt, dieselben wissenschaftlich zu bestimmen und zu klassificiren gesucht und eine Aufzählung derselben in den Schriften unserer Gesellschaft geliefert.

Nach dem leider schon frühzeitig im Jahre 1854 erfolgten Tode des verdienten Mannes habe ich die von ihm zusammengebrachte umfangreiche Sammlung von Sadewitzer Fossilien für das Mineralogische Museum der hiesigen Universität von seinen Erben erworben. Diese Sammlung bildet das Haupt-Material für die gegenwärtige Schrift. Manches ist jedoch auch noch von anderer Seite hinzugekommen.

Die eigentliche Aufgabe der Schrift ist nun die Beschreibung und Abbildung von sämmtlichen bekannt gewordenen Arten, theils wegen des palaeontologischen Interesses, welches sie an und für sich darbieten, theils um mit dem so gewonnenen Gesammtbilde der Fauna das genauere geognostische Niveau, welches der Kalkstein in der Silurischen Schichtenreihe einnimmt, so wie sein ursprüngliches Ablagerungsgebiet, aus welchem die Bruchstücke herbeigeführt wurden, zu bestimmen. Bezüglich des ersteren Grundes so wird durch die Beschreibung der Sadewitzer Fauna die Kenntniss einer beträchtlichen Anzahl neuer und bemerkenswerther organischer Formen gewonnen. In geognostischer Beziehung hat sich das Alter der Kalksteingeschiebe als einem bestimmten Stockwerke in der unteren Abtheilung der Silurischen Gruppe angehörig mit Genauigkeit bestimmen und eben so das ursprüngliche Ablagerungsgebiet derselben in den Russischen Ostsee-Provinzen und zwar in Ehstland mit Sicherheit erkennen lassen.

So mag denn die Schrift als ein Beitrag zur Aufklärung des merkwürdigen Phänomens der nordischen Diluvial-Geschiebe überhaupt und derjenigen in unserer Provinz Schlesien im Besonderen gelten und der freundlichen Aufnahme der Fachgenossen empfohlen sein.

Breslau, im Juli 1861.

Dr. Ferd. Roemer.

EINLEITUNG.

Die erste Nachricht von den den Gegenstand der gegenwärtigen Schrift bildenden Diluvial-Geschieben und ihren organischen Einschlüssen gab F. Oswald, Apotheker in Oels, in einem der Schlesischen Gesellschaft für vaterländische Kultur in Breslau im Jahre 1844 gehaltenen Vortrage[1]. In demselben wird zunächst die Art des Vorkommens und die Verbreitung der Kalkgeschiebe beschrieben und dann eine Aufzählung der sämmtlichen aus denselben bekannt gewordenen organischen Resten unter Beifügung von einzelnen erläuternden Bemerkungen und mit kurzen Diagnosen von ein Paar neuen Arten geliefert. Bei der Aufstellung dieses Verzeichnisses hatten Goldfuss, L. v. Buch und Beyrich den Verfasser durch Bestimmung einzelner Arten unterstützt. Schliesslich wird in Betreff des Alters der Kalkgeschiebe bemerkt, dass dieselben augenscheinlich der Silur-Formation und zwar dem Wenlock-Kalke angehören, indem die Mehrzahl der eingeschlossenen Petrefakten mit Arten dieser Englischen Ablagerung übereinstimme und nur wenige Arten mit solchen identisch seien, welche in England in Unter-Silurischen Schichten, namentlich im Caradoc-Sandstein und in den Llandeilo-Flags gefunden würden.

Zwei Jahre später erstattete Oswald derselben Gesellschaft abermals einen Bericht über den gleichen Gegenstand. In einem vervollständigten und berichtigten Verzeichnisse der beobachteten Petrefakten-Arten bringt er nun deren Zahl auf 154. Zugleich wird rücksichtlich des Vorkommens der Geschiebe bemerkt, dass zwar von Einigen behauptet werde, der die Versteinerungen enthaltende Kalkstein sei bei Sadewitz anstehend vorhanden, in der That aber doch die Meinung den Vorzug verdiene, der zufolge das Vorkommen des Kalksteins nur als eine Anhäufung von Diluvial-Geschieben zu betrachten sei. Dabei wird dann auch erwähnt, dass Beyrich die fraglichen Geschiebe für nordischen und wahrscheinlich Russischen Ursprungs erklärt habe.

Seitdem sind die Sadowitzer Geschiebe nicht mehr Gegenstand einer eingehenderen Betrachtung gewesen. Im Jahre 1854 starb Oswald und bald darauf wurde die von ihm zusammengebrachte Sammlung für das Mineralogische Museum der hiesigen Universität erworben. Ein näheres Studium der Sammlung überzeugte

---

[1] Vergl. Oswald: Ueber das Kalklager von Sadewitz und Neu-Schmolka im Jahresber. der Schles. Ges. für vaterl. Kultur im Jahre 1844. S. 217—228.

mich bald, dass die Kenntniss der Fauna durch die bisher gegebene Aufzählung der Arten keineswegs abgeschlossen sei, sondern eine erneuerte und vollständige monographische Bearbeitung derselben in mehrfacher Beziehung von Interesse sein würde. Es ergab sich, dass ein grosser Theil der Arten in jenen Verzeichnissen irrthümlich bestimmt war, was bei den vergleichungsweise beschränkten literarischen und anderen bei der Aufstellung jener Verzeichnisse benutzten Hülfsmittel und unter Berücksichtigung der damals überhaupt noch wenig vorgeschrittenen Kenntniss der Silurischen Thierformen sehr erklärlich ist. Es zeigte sich namentlich, dass viele mit bekannten Species identificirte Arten der Fauna in Wirklichkeit neu und eigenthümlich sind und daher eine sorgfältige Beschreibung und Abbildung fordern. Es liess sich ferner mit Wahrscheinlichkeit erwarten, dass nach einer vollständigeren und zuverlässigeren Bestimmung der Arten, auch die Stellung der Kalksteinschichten, deren Trümmer die Sadewitzer Geschiebe darstellen, in der nach ihrer inneren Gliederung seitdem viel vollständiger bekannt gewordenen Silurischen Schichtenreihe sich viel schärfer werde ermitteln, so wie auch das ursprüngliche Ablagerungsgebiet der Geschiebe genauer werde feststellen lassen.

Das bestimmte mich, die gegenwärtige Arbeit zu unternehmen, welche anfänglich durch andere Beschäftigungen unterbrochen, erst jetzt durch eine äussere Veranlassung beschleunigt zum Abschluss gelangt. Das Haupt-Material für dieselbe hat die Oswald'sche Sammlung geboten. Einige wichtige Stücke sind später hinzugekommen. Sämmtliche Original-Exemplare der beschriebenen Arten befinden sich in dem hiesigen Mineralogischen Museum.

PETROGRAPHISCHE BESCHAFFENHEIT, ART DES VORKOMMENS UND VERBREITUNGS-GEBIET DER SADEWITZER GESCHIEBE.

Das Gestein, aus welchem die die Fossilien unserer Fauna umschliessenden Sadewitzer Geschiebe bestehen, ist ein dichter grauer Kalkstein. Auf der Oberfläche der Stücke und auf zahlreichen, den Kalkstein durchziehenden Kluftflächen sind vielfache schwarze Pünktchen von Manganoxydhydrat, die sich meistens zu undeutlichen dendritischen Gruppirungen anordnen, verbreitet. Zum Theil mögen diese Gruppirungen freilich nicht sowohl eine ursprüngliche Eigenthümlichkeit des Kalksteins sein, sondern mögen sich erst auf der secundären Lagerstätte unter der Einwirkung Kohlensäure haltender Wasser entwickelt haben. Nicht selten werden auch undeutliche stylolithische Absonderungen in dem Kalkstein beobachtet. Auch die schon vor Jahren von Quenstedt beschriebene Erscheinung, der zu Folge anliegende Muschelschalen durch den Umriss ihrer Schale die Form des Querschnitts des Stylolithen bestimmen, zeigt sich zuweilen sehr ausgezeichnet. Vor mir liegt ein Geschiebestück mit einem Exemplare von *Ortis Sadewitzensis*, welches in der Art die obere Endigung eines Stylolithen bildet, dass den Vorsprüngen der ausstrahlenden Rippen am Umfange der Schale Längsleisten des Stylolithen, und den Zwischenräumen zwischen den Enden der Rippen Längsfurchen des Stylolithen entsprechen.

Der Kalkstein ist deutlich geschichtet und gewöhnlich haben die Stücke eine mehr oder minder deutliche plattenförmige Gestalt. Die gewöhnliche Dicke der etwa handgrossen, zuweilen aber auch mehrere Kubikfuss grossen Stücke ist 1 bis 1½ Zoll und während sie auf der einen Seite wellenförmig gebogen oder mit flachen, rundlichen Vertiefungen versehen sind, so ist die andere Fläche fast eben. Diese letztere Fläche, die angenscheinlich von der Fläche der zunächst folgenden Schicht durch eine dünne Thonlage getrennt war, ist gewöhnlich mit zahlreichen, über das Niveau der Fläche convex vortretenden Fossilien, fast nach Art der bekannten Ober-Silurischen Kalkplatten von Dudley, bedeckt. Dieses Verhalten des Kalksteines in Betreff des Vorkommens der organischen Einschlüsse ist sehr verschieden von demjenigen des sonst petrographisch allerdings ähnlichen und nur um eine leichte Nuance dunkleren Unter-Silurischen Orthoceren-Kalks der Insel Oeland, dessen Bruchstücke die häufigsten Silurischen Geschiebe in dem Diluvium der norddeutschen Ebene bilden. Bei diesem letzteren sind die Versteinerungen immer in die Dicke des Gesteines eingewachsen und liegen nicht wie bei den Sadewitzer Geschieben auf den Schichtflächen. Wahrscheinlich ist das Gestein, welches die Hauptmasse der Sadewitzer Versteinerungen geliefert hat, nur eine ganz dünne, vielleicht nicht einmal fussdicke Schichtenfolge. Zuweilen haben die Geschiebe eine etwas andere Beschaffenheit. Die Farbe ist bedeutend lichter, beim Ausbleichen an der Luft fast weiss und die Versteinerungen sind in der Masse des Kalksteines so gehäuft, dass er fast wie eine Breccie von Muschelschalen, Korallenstämmen und Trilobitenresten erscheint. Unter den organischen Einschlüssen dieses helleren Kalksteines sind zwar einige eigenthümliche, in den Geschieben der gewöhnlichen Beschaffenheit nicht beobachtete, wie namentlich *Spirifer insularis*, aber die Identität aller übrigen Versteinerungen mit solchen der gewöhnlichen Kalksteingeschiebe verbietet dennoch, diesen helleren Kalksteingeschieben ein wesentlich anderes Niveau anzuweisen. Sie gehören wohl einer anderen Schicht, aber derselben palaeontologisch zusammengehörigen Schichtenfolge an.

Der Verbreitungsbezirk, in welchem die Geschiebe vorkommen, erstreckt sich über die Umgebungen der südöstlich von Oels gelegenen Ortschaften Sadewitz, Vielguth, Neu-Ellguth, Kaltvorwerk und Ober- und Nieder-Schmollen. Die Grösse dieses Verbreitungsbezirkes beträgt gegen 1½ Quadratmeilen. Gegen den Süden wird die Grenze am Bestimmtesten durch das Thal der Weida bezeichnet. Hier liegen zugleich die tiefsten Punkte des Gebietes in etwa 440 Fuss Meereshöhe, welches nordwärts mit flach wellenförmiger Oberfläche allmählich nach Oels zu ansteigt, um an den höheren Punkten eine Erhebung von etwa 550 Fuss zu erreichen. Uebrigens ist es kaum wahrscheinlich, dass die betreffenden Geschiebe genau die Grenzen dieses Gebietes einhalten und es soll mit der Angabe dieser Grenzen nur gesagt sein, dass sie innerhalb derselben in hinreichend grosser Menge vorkommen, um Gegenstand der Gewinnung zu werden. In der That erwähnt Oswald, dass nach einer ihm zugekommenen Nachricht bei dem Baue des zur Herrschaft Laskowitz gehörenden und südlich von der Weida gelegenen Vorwerks Deppine im Jahre 1801 ein grosses Kalknest gefunden worden sei, welches drei Jahre hindurch das Material für mehrere Kalköfen geliefert habe und dessen Kalkstein von derselben Beschaffenheit wie der bei Sadewitz gegrabene gewesen sei.

In dem ganzen vorher bezeichneten Verbreitungsbezirke der Geschiebe besteht der Boden bis zu unbekannter Tiefe aus Ablagerungen des gewöhnlichen norddeutschen Diluviums. Unter der gewöhnlich nicht starken Humus-Decke folgt zunächst Lehm und Sand und dann ein feiner Letten. Unter diesem letzteren und zum Theil mit ihm gemengt, sind in einer Tiefe von 3 bis 6 Fuss unter der Oberfläche des Bodens die Kalksteingeschiebe vorzugsweise abgelagert. Die Mächtigkeit der Lage, in welcher sie vorkommen, schwankt zwischen ½ bis 6 Fuss. Eine Schicht von eisenschüssigem, rothem Sand liegt darunter. In dieselbe verbreiten sich die Geschiebe in der Regel nicht. Wenigstens graben die nach den Kalkgeschieben suchenden Arbeiter, nach dem Zeugnisse von Oswald, nicht weiter, sobald diese Sandschicht erreicht ist. Mancherlei Nachrichten deuten freilich darauf, dass die Kalkgeschiebe auch noch in viel grösserer Tiefe sich finden.

Geschiebe krystallinischen Gesteines, namentlich Gneiss- und Granitgeschiebe von der gewöhnlichen Beschaffenheit, wie sie überall in dem Diluvium der norddeutschen Ebene verbreitet sind, kommen auch in den diluvialen Sandschichten des Verbreitungsbezirkes der Kalkgeschiebe in bedeutender Menge vor und zuweilen sind sie auch den Kalkgeschieben in grösserer oder geringerer Zahl in derselben Lage beigemengt. Dagegen sind Geschiebe anderer sedimentärer Gesteine von grosser Seltenheit. Ausser ein Paar Stücken von kieseligem nordischem Kreidekalke und einigen losen Exemplaren von *Belemnitella mucronata* haben sich lediglich vier oder fünf Stücke des bekannten und überall in dem schlesischen Diluvium so überaus häufigen Ober-Silurischen, durch *Chonetes striatella* und *Beyrichia tuberculata* vorzugsweise bezeichneten, plattenförmigen, grauen Kalksteines gefunden. Die Oswald'sche Sammlung enthält nichts Anderes von dergleichen Gesteinen und ich selbst habe an Ort und Stelle Nichts davon aufzufinden vermocht. Besonders auffallend erscheint die völlige Abwesenheit von Geschieben des Unter-Silurischen, als bezeichnende Fossilien namentlich *Orthoceras duplex* und *Asaphus expansus* führenden Orthoceren-Kalkstein, da sonst überall in dem Diluvium Nieder-Schlesien's, wie in demjenigen des nördlichen Deutschlands überhaupt Bruchstücke dieses Kalksteines neben solchen des plattenförmigen Kalkes mit *Chonetes striatella* zu den häufigsten Vorkommnissen gehören.

Demnächst verdient die Massenhaftigkeit, in welcher die unsere Fauna einschliessenden Kalkgeschiebe vorkommen, besonderer Beachtung. Dieselbe ist so gross, dass diese Geschiebe seit Jahrhunderten das Material zum Kalkbrennen für zahlreiche Kalköfen geliefert haben. Im Jahre 1845 waren noch sechs solcher Kalköfen im Betriebe, nämlich drei in Sadewitz, zwei in Neu-Ellguth und einer in Ober-Schmollen.

Die reichste Ausbeute an Kalkgeschieben gewährten damals die Gruben in dem jetzt abgetriebenen und in Ackerland verwandelten Ober-Schmollener Grubenwalde und auf den benachbarten Feldern von Sadewitz. Nach der letzteren Lokalität ist das Vorkommen der Geschiebe überhaupt benannt worden, weil in Sadewitz vorzugsweise das Brennen des Kalkes erfolgte und dorthin die Geschiebe deshalb grösstentheils geführt wurden. Oswald bemerkt, dass dieselbe Benutzung der Kalkgeschiebe schon vor sehr langer Zeit stattgefunden haben müsse, da in alten verlassenen Gruben des Ober-Schmollener Grubenwaldes Eichen von mehr als 250jährigem Alter ständen. Auch sei die Sage, dass die Stadt Oels ursprünglich mit in der Gegend von Sadewitz gebranntem Kalk erbaut sei. Dabei möge freilich der Wiederaufbau der Stadt nach den grossen Bränden im Jahre 1730 und 1744 mit der ursprünglichen Erbauung verwechselt sein.

Gegenwärtig ist die Gewinnung der Geschiebe und der Kalkofenbetrieb mit denselben ein viel beschränkterer. Nur gelegentlich wird noch in den Kalköfen von Sadewitz und Neu-Ellguth Kalk gebrannt.

Auf der Oberschles. Eisenbahn und auf der Oder wird nämlich der aus oberschlesischem Muschelkalkstein gebrannte Kalk jetzt so leicht nach Breslau geführt, dass er auch in der Gegend von Oels zu einem Preise zu beziehen ist, zu welchem die Herstellung von Kalk aus den Geschieben bei der Kostbarkeit des Brennmaterials in der dortigen Gegend kaum mit Gewinn geschehen kann. Wird einmal die längst beabsichtigte Eisenbahn auf dem rechten Oder-Ufer gebaut, so wird ohne Zweifel das Brennen von Kalk aus den Geschieben ganz aufhören, da dann oberschlesischer Kalk unmittelbar auf der Eisenbahn bis in die Gegend von Oels geführt werden wird. Um so wichtiger ist es, dass zu einer Zeit, als die Gewinnung der Geschiebe noch lebhaft betrieben wurde, die in denselben vorkommenden organischen Einschlüsse mit solchem Fleisse gesammelt worden sind und so die Dokumente für die Beurtheilung einer bemerkenswerthen geologischen Erscheinung gesichert wurden, welche sich später vielleicht ganz der Beobachtung entziehen wird.

BESTIMMUNG DES ALTERS UND DER HERKUNFT DER SADEWITZER GESCHIEBE.

Wenn die Altersbestimmung der Sadewitzer Kalkgeschiebe, d. i. die Bestimmung des näheren geognostischen Niveaus der Schichten, von welchen die Geschiebe Bruchstücke darstellen, unternommen wird, so darf ihre Zugehörigkeit zu der Silurischen Abtheilung des Älteren Gebirges im Voraus als selbstverständlich angenommen werden. Schon die oberflächliche Betrachtung der Cephalopoden und Trilobiten der Fauna lässt keinen Zweifel. Lituiten und Orthoceren mit grossem seitlichem Sipho, Trilobiten der Gattungen Asaphus, Isotelus, Illaenus und Calymene sind niemals in anderen als Silurischen Schichten beobachtet worden. Es kann sich also nur um die Bestimmung des näheren Niveaus innerhalb der Silurischen Gruppe handeln.

Dem Versuche der Lösung dieser Aufgabe wird eine Aufzählung der in den Geschieben beobachteten Arten von Petrefakten voranzustellen sein.

AUFZÄHLUNG DER BEOBACHTETEN ARTEN.

SPONGIAE.

Aulocopium auranticum Oswald.
—   diadema Oswald.
—   hemisphaerium n. sp.
—   repens n. sp.
—   discus n. sp.
—   cylindraceum n. sp.
Astylospongia praemorsa Ferd. Roemer.
—   costinera n. sp.
—   pilula n. sp.

Astylospongia inciso n. sp.
—   inciso-lobata Ferd. Roemer.
Astraeospongia patina n. sp.

ANTHOZOA.

Streptelasma Europaeum n. sp.
Syringophyllum organum Edwards et Haime.
Propora tubulata Edwards et Haime.
Heliolites interstincta Edwards et Haime.
—   parvistella n. sp.
—   dubia, Friedr. Schmidt.

Heliolites inordinata Edwards et Haime.
Calamopora aspera Edwards et Haime.
Monticulipora Petropolitana Edwards et Haime.
Halysites catenularia Edwards et Haime.
— escharoides Fischer.

GRAPTOLITHEA.

Retiolites gracilis n. sp.
Dictyonema flabelliforme Ferd. Roemer.

BRYOZOA.

Halopora sculpoliformis n. sp.
Ptilodictya pinnata n. sp.

BRACHIOPODA.

Orthis Sadewitzensis n. sp.
— calceolus L. v. Buch.
— Osmaldi L. v. Buch.
Leptaena Auroni M. V. K.
— imbrex M. V. K.
— sericea Sowerby.
— ornata Eichwald.
Strophomena euriparita n. sp.
— depressa.
Platystrophia lynx King.
Spirifer dandaris M. V. K.
Atrypa marginalis Davidson var.
Rhynchonella Wilsoni Davidson.
Pentamerus juglans n. sp.
Crania papillifera n. sp.
Lingula quadrata.

LAMELLIBRANCHIATA.

Modiolopsis sp.
Cyrtodonta sp.

GASTEROPODA.

Holopea ampullacea Friedr. Schmidt.
Murchisonia bellicincta Friedr. Schmidt.
Subulites gigas Eichwald.
Subulites sp.
Trochus regustris.
Euomphalus qualteriatus.
Maclurea neritoides.

PTEROPODA.

Acanra cubularis n. sp.

CEPHALOPODA.

Orthoceras duplex Wahlenberg.
— regulare (?)
— clathrato-annulatum n. sp.
— tortuo-araneum n. sp.
— vaginatum Schlotheim.
— virosso-septatum n. sp.
Phragmoceras recti-septatum n. sp.
Lituites antiquissimus Friedr. Schmidt.
Isotelus robustus n. sp.
Asaphus expansus Dalman.
Illaenus grandis n. sp.
— crassicauda Dalman.
Cheirurus coniostobalmus Ferd. Roemer.
Proetus concinnus Lovén.
Calymene pulchella n. sp.
Encrinurus multisegmentatus Portlock.
Lichas angusto Beyrich.
Cromus ornatus Angelin.
— sp. (?)
Remopleurides nanus Herzog von Leuchtenberg.

Zunächst wird nun zu ermitteln sein, welcher von den beiden Hauptabtheilungen, in die nach Murchison die Silurische Schichtenreihe zerfällt, der oberen oder der unteren die Sadewitzer Geschiebe angehören. Eine auch nur flüchtige Betrachtung der Fauna wird hierüber nicht lange im Zweifel lassen. Namentlich die Cephalopoden und Trilobiten bringen die Frage rasch zur Entscheidung. *Orthoceras duplex* und *Orthoceras vaginatum* sind wie überhaupt die Orthoceren mit grossem seitlichen Sipho entschieden Unter-Silurische Typen. *Asaphus expansus* und *Illaenus crassicauda* sind bekannte weit verbreitete Leit-Fossilien des Orthoceren-Kalks, d. i. des eigentlichen Centrum's der Unter-Silurischen Schichtenreihe und die Gattungen *Isotelus* und *Remopleurides*, welche beide durch je eine Art in der Fauna vertreten werden, sind ausschliesslich Unter-Silurische Geschlechter. Daneben sind auch noch aus anderen Abtheilungen von Thieren Arten in der Fauna vorhanden, welche generisch oder auch specifisch nur Unter-Silurisch gekannt sind. Dahin gehören: *Dictyonema flabelliforme*, welches sogar sonst nur in den ältesten Silurischen Schichten, in dem durch *Olenus* und *Paradoxides* bezeichneten Alaunschiefer Schwedens und Norwegens vorkommt. *Platystrophia* lyra (*Spirifer lyra*), ein Leitfossil des Unter-Silurischen Trenton-Kalks in Nord-Amerika und in dem gleichen Niveau auch in Russland vorkommend, *Spirifer insularis*, *Euomphalus qualteriatus*, *Murchson serotina* und *Subulites giges*. Von den beiden letzten Arten sind sogar die Gattungen ausschliesslich Unter-Silurisch.

Wenn es auf diese Weise als zweifellos gelten kann, dass die Schichten, von welchen die Sadewitzer Geschiebe Bruchstücke darstellen, in die untere der beiden Hauptabtheilungen des sogenannten Silurischen System's gehören müssen, so enthält doch anderer Seits die Fauna noch eine Anzahl von Arten, welche generisch oder selbst specifisch als vorzugsweise Ober-Silurische Formen gelten müssen. Als solche sind namentlich zu nennen: *Proetus concinnus*, *Encrinurus multisegmentatus*, *Atrypa marginalis*, *Rhynchonella Wilsoni*, *Halysites catenularia*, *Halysites escharoides*, *Heliolites interstincta*, *Astraeospongia patina* und *Astylospongia praemorsa*. Die natürliche aus dieser Zusammensetzung der Fauna auf das Alter der Schichten zu ziehende Schlussfolgerung ist die, dass sie zwar in die untere Abtheilung der Silurischen Gruppe gehören, in dieser aber ein oberes der Grenze der Ober-Silurischen Abtheilung genähertes Niveau einnehmen. Glücklicher Weise lässt sich diese lediglich auf die organischen Einschlüsse gegründete Altersbestimmung durch das stratigraphische Verhalten von gleichstehenden Silurischen Schichten in einer anderen Gegend bestätigen.

Friedrich Schmidt in Dorpat, gegenwärtig auf einer wissenschaftlichen Reise zur Erforschung der geognostischen Verhältnisse des Amur-Gebietes begriffen, stellt in seiner inhaltreichen und werthvollen Schrift über die Silurischen Ablagerungen in Ehstland[1]), welche einen wesentlichen Fortschritt in der Kenntniss von der näheren Gliederung der Silurischen Schichtenreihe in den Russischen Ostsee-Provinzen enthält, folgende Eintheilung der Silurischen Schichten in Ehstland und Livland in aufsteigender Reihenfolge auf:

Unter-Silurische Formation:

    Blauer Thon. (Derselbe, welcher auch bei St. Petersburg das unterste bekannte Glied bildet, und in welchem dort Pander die räthselhaften Platydolemiten fand.)

    Unguliten-Sand.

    Bituminöser Thon- oder Alaunschiefer.

    Thonschiefer. (Besonders durch *Graptolithen*, namentlich auch *Dictyonema flabelliforme* palaeontologisch bezeichnet.)

    Grünsand.

    Chloritkalk.

    Zone 1. Vaginaten-Kalk[2]).

        1, a. Brandschiefer.

        1, b. Jewe'sche Schicht.

    Zone 2. Wesenberg'sche Schicht.

        2, a. Lyckholm'sche Schicht.

    Zone 3. Borkholm'sche Schicht.

---

[1]) Untersuchungen über die silurische Formation von Ehstland, Nord-Livland und Oesel von Mag. Friedr. Schmidt. (Aus dem Archiv für die Naturkunde Liv-, Ehst- und Kurland's erster Serie, Bd. II. (pag. 1—248), besonders abgedruckt. Dorpat 1858.)

[2]) Fr. Schmidt beginnt erst mit diesem Gliede die Numerirung der verschiedenen von ihm unterschiedenen Abtheilungen, weil die tieferen, die nur an dem sogen. Glint, d. i. dem steilen Meeresufer in schmalen Streifen zu Tage treten, für die geologische Karte von Ehstland und Livland ohne Bedeutung sind.

II

Ober-Silurische Formation:

Zone 4, 5, 6. Gruppe der glatten Pentameren.

4. Borealis-Bank.

5. Zwischen-Zone.

6. Zone des vorherrschenden Pentamerus Ehstonus.

Zone 7. Untere Oesel'sche Gruppe.

Zone 8. Obere Oesel'sche Gruppe.

(Devonische Formation.)

Von diesen durch Fr. Schmidt in Ehstland unterschiedenen Gliedern der Silurischen Gruppe ist nun die Lyckholm'sche Schicht (2, a.) entschieden das Niveau, in welches die Geschiebe von Sadewitz gehören. Bei einer flüchtigen Durchsicht der Oswald'schen Sammlung, zu welcher ich Friedr. Schmidt bei einem Besuche in Breslau im Jahre 1858 veranlasste, erkannte er schon mit Bestimmtheit eine Anzahl von Arten als identisch mit solchen der Lyckholm'schen Schicht in Ehstland. Seitdem[1]) hat er die Ueberzeugung von dieser Uebereinstimmung auch an einer anderen Stelle ausgesprochen. Ich selbst habe mich von dem Grade dieser Uebereinstimmung vorzugsweise durch die Vergleichung einer Sammlung von Fossilien der Lyckholm'schen Schicht in Ehstland, welche ich der Güte des Herrn Prof. Grewingk in Dorpat verdanke, überzeugen können. Ich habe durch dieselbe die Gewissheit gewonnen, dass die Mehrzahl gerade der gewöhnlichsten Arten der Sadewitzer Fauna mit solchen der Lyckholm'schen Schicht in Ehstland identisch ist, und dass auch die Gesteinsbeschaffenheit der Geschiebe mit derjenigen der genannten Schichtenfolge in Ehstland sehr nahe übereinkommt. Zu den entschieden gemeinsamen Arten gehören namentlich: *Streptelasma Europaeum, Syringophyllum organum, Propora tubulata, Heliolites dubia, Leptaena sericea, Orthis solaris, Orthis Oswaldi, Spirifer insularis, Atrypa marginalis var., Holopea ampullacea, Lituites antiquissimus* und *Chasmops antiquissimus.*

Bei dieser Uebereinstimmung gerade der gewöhnlichsten Arten kann auch der Umstand, dass eine Anzahl von anderen Arten der Sadewitzer Fauna bisher nicht in Ehstland gefunden ist, die Ueberzeugung von dem Gleichstehen beider Faunen nicht beeinträchtigen. Dieselben mögen zum Theil nur zufällig der Beobachtung bisher entgangen sein. Das gilt besonders von den mannichfaltigen Spongien, welche einen bemerkenswerthen Bestandtheil der Sadewitzer Fauna bilden, während sie in Ehstland wenigstens in anstehenden Schichten noch nicht gefunden wurden.

Wenn demnach das Gleichstehen des geognostischen Niveau's der Sadewitzer Geschiebe mit der Lyckholm'schen Schichtenfolge in Ehstland als sicher bestimmt angesehen werden darf, so wird die Frage entstehen, ob nicht auch in den anderen Ländern des nördlichen Europas, namentlich auch in Skandinavien

[1]) Beitrag zur Geologie der Insel Gotland nebst einigen Bemerkungen über die Unter-Silurische Formation des Festlandes von Schweden und die Heimath der Norddeutschen Silurischen Geschiebe von Mag. Friedr. Schmidt (aus dem Archiv für die Naturkunde Liv-, Ehst- und Kurlands, erster Serie, Bd. II pag. 403—464 besonders abgedruckt. Dorpat 1859) S. 463.

und England, eine entsprechende Schichtenfolge vorhanden ist. In Schweden ist nur eine solche nicht in deutlich ausgesprochener Form bekannt. Ihr Platz würde dort zwischen der *Regio VI. Trinucleorum* und der *Regio VII. Harparum* von Angelin zu suchen sein. Dagegen ist in Norwegen eine Stelle vorhanden, an welcher Schichten scheinbar ganz entsprechenden Alters vorkommen. Das ist die Halbinsel Herö unweit Porsgrund im südlichen Norwegen[1]). Dort stehen schwarze mit Versteinerungen erfüllte Kalkschichten an, welche besonders durch die folgenden Arten sich als wesentlich gleichaltrig mit den Geschieben von Sadewitz erweisen: *Lituites antiquissimus (Lituites angulatus Sarmann)*, *Maclurea acuticostis*, *Syringophyllum organum* und *Strophodonta Europaeum*. Dahll[2]) bezeichnet diese schwarzen Kalksteinschichten als Herö- oder Venstöb-Kalkstein (5a). Das nächstfolgende jüngere Glied ist nach Dahll Kalksandstein und darüber brauner Kalkstein mit den ersten Pentameren. Hiernach gehören die Schichten der Halbinsel Herö zwar noch in die Unter-Silurische Abtheilung, stehen aber der Grenze gegen die Ober-Silurische Abtheilung schon nahe.

In England ist das Niveau der Geschiebe von Sadewitz in der Schichtenfolge, welche Murchison[3]) neuerlichst unter der Benennung „Llandovery rocks" zusammengefasst hat und zwar in deren unterer Abtheilung zu suchen. Die Fauna dieser Schichten zeigt in ihrer allgemeinen Zusammensetzung eine unverkennbare Analogie mit derjenigen der Sadewitzer Geschiebe und solche Arten wie *Leptaena sericea*, *Spirifer insularis* und *Atrypa marginalis* sind geradezu gemeinsam. Die obere Abtheilung der Llandovery-Schichten wird in England vorzugsweise durch das massenhafte Auftreten von *Pentamerus oblongus* und anderer *Pentameren* bezeichnet und ist daher jedenfalls schon jünger als die Geschiebe von Sadewitz, in denen bisher nur eine einzige Art von Pentamerus und diese nur in einem einzelnen Exemplare beobachtet wurde. Unmittelbar über den oberen Llandovery rocks beginnt in England mit den Wenlock-Schichten die obere Abtheilung der Silurischen Gruppe. Auch durch die Vergleichung mit den Englischen Verhältnissen wird also für die Geschiebe von Sadewitz eine Stellung in der unteren Abtheilung der Silurischen Gruppe, aber in deren höherem Theile in der Nähe der Grenze gegen die Ober-Silurische Abtheilung ermittelt.

Entsteht zuletzt noch die Frage nach der Herkunft oder dem Ursprungsgebiete der Geschiebe von Sadewitz, so wird hier zunächst die mehrfach ausgesprochene Vermuthung, dass Schichten von gleicher Beschaffenheit, wie die Geschiebe in der Gegend von Sadewitz selbst, in grösserer Tiefe anstehend vorhanden seien, mit Bestimmtheit zurückzuweisen sein. Die allgemeinen geognostischen Verhältnisse von Schlesien sprechen durchaus gegen das Vorhandensein einer Silurischen Ablagerung von solchem Charakter an jener Stelle. Nur die Massenhaftigkeit, in welcher die Kalkgeschiebe in der Gegend von Sadewitz mit fast völligem Ausschluss von Silurischen Geschieben anderen Alters vorkommen, konnten in der That zu jener Vermuthung Anlass geben. Allein ein ähnliches massenhaftes Auftreten von Silurischen Kalkgeschieben ist auch an manchen anderen Stellen in Norddeutschland beobachtet. Namentlich bietet das ausserordentlich gehäufte Vorkommen von Blöcken des Unter-Silurischen Orthoceren-Kalkes im Diluvium bei Soran im Regierungs-

---

[1]) Vergl. Bericht über eine geologische Reise nach Norwegen im Sommer 1859 von Ferd. Roemer in: Zeitschr. der Deutsch. geol. Ges. Jahrg. 1859, S. 585.

[2]) Ueber die Geologie des südlichen Norwegen's von Th. Kjerulf mit Beiträgen von Tellef Dahll, Christiania 1857, S. 119.

[3]) Siluria ed 3, 1859, N 54.

bezirke Frankfurt a. O. ein analoges Verhalten. Der fast völlige Ausschluss von Silurischen Kalkgeschieben anderen Alters auf der Lagerstätte von Sadewitz ist allerdings auffallend und bemerkenswerth. Besonders muss die gänzliche Abwesenheit von Blöcken des Orthoceren-Kalkes auffallen, die doch sonst überall in dem Diluvium Niederschlesiens verbreitet sind und in bedeutender Häufigkeit z. B. in der Sandgrube von Nieder-Kunzendorf bei Freiburg sich finden. Befremdend ist ferner das gänzliche Fehlen von den ganz unverkennbaren plattenförmigen Stücken des aus den zusammengehäuften einzelnen Klappen von *Pentamerus borealis* bestehenden Kalksteins (Borealis-Bank von Friedr. Schmidt), mit welchem die obere Abtheilung der Silurischen Gruppe in den Russischen Ostsee-Provinzen beginnt, und welcher sonst sehr weit in dem Diluvium Norddeutschlands vorkommt, wie ich ihn dann namentlich von Treboits bei Breslau, von Meseritz in der Provinz Posen, von Gröningen in Holland und von anderen Punkten kenne.

Allein wenn auch die Zusammenhäufung solcher Diluvial-Geschiebe einer einzigen wenig mächtigen Schichtenfolge mit Ausschluss von Bruchstücken aller anderen Silurischen Gesteine in der Gegend von Sadewitz für die Erklärung Schwierigkeit bereiten mag, so muss doch zugleich erwähnt werden, dass dasselbe Verhalten sich in ähnlicher Weise auch an anderen Stellen wiederholt. So gehören z. B. die zahlreichen in dem Diluvium bei Gröningen in Holland vorkommenden Silurischen Geschiebe fast ganz ausschliesslich der auf der Insel Gotland entwickelten Ober-Silurischen Schichtenfolge an, wie an einer anderen Stelle ausführlicher von mir nachgewiesen wurde.

Anderer Seits sind auffallender Weise anderswo Diluvial-Geschiebe derselben Beschaffenheit und mit denselben organischen Einschlüssen, wie diejenigen von Sadewitz kaum irgendwo in Deutschland, wenigstens nicht in grösserer Zahl beobachtet worden. Aus Schlesien sind mir dergleichen von anderen Punkten durchaus nicht bekannt. Dagegen hat mich Beyrich auf ein Paar in der Gegend von Stettin gefundene Kalkgeschiebe in dem Berliner Museum aufmerksam gemacht, welche in dasselbe Niveau mit denjenigen von Sadewitz zu gehören scheinen.

Das Ursprungsgebiet der Sadewitzer Geschiebe betreffend, in welchem sie ursprünglich anstehend gewesen sind und aus welchem sie ihre Herkunft ableiten, so wird dasselbe nach dem Vorhergehenden nun schliesslich mit grosser Wahrscheinlichkeit in den russischen Ostsee-Provinzen, namentlich in Ehstland oder in einem nahe benachbarten vielleicht jetzt vom Meere bedeckten Gebiete zu suchen sein, denn nur in Ehstland sind Gesteine mit gleichen petrographischen und palaeontologischen Merkmalen anstehend gekannt. Wenn sich die Sadewitzer Geschiebe bisher nirgendwo westlich von der Oder im Diluvium des nördlichen Deutschlands gefunden haben, so ist das im Einklange mit der Beschränkung auch einiger anderer Arten aus Russland herzuleitender palaentozischer Diluvial-Geschiebe auf die östlich von der Oder liegenden, d. i. Russland zunächst benachbarten Theile von Deutschland. So kenne ich Geschiebe des braunen Unguliten-Sandsteins aus der Gegend von Lyck in Ost-Preussen und Blöcke des mit Fischresten erfüllten brecien-artigen, devonischen Sandsteines, unverkennbar mit dem in Livland anstehenden Sandsteine übereinstimmend, hat der verstorbene Oberlehrer Kade bei Birnbaum in der Provinz Posen aufgefunden, während in den westlicher liegenden Gegenden von Norddeutschland niemals ein Stück dieser Gesteine gefunden wurde.

BESCHREIBUNG DER ARTEN.

I. SPONGIAE.

Die Spongien oder Seeschwämme bilden einen der wichtigsten und interessantesten Bestandtheile der fossilen Fauna von Sadewitz, sowohl durch die Mannichfaltigkeit der Formen, als durch Häufigkeit der Individuen. Das Vorkommen von Spongien in Silurischen Schichten überhaupt ist im Ganzen ein sehr beschränktes, namentlich wenn man es mit der Häufigkeit dieser Körper in manchen jüngeren Formationen, besonders der Jura- und Kreideformation, und in den Meeren der Jetztwelt vergleicht. Die Silurischen Geschiebe von Sadewitz und die Silurischen Schichten im Staate Tennessee sind die einzigen Silurischen Gesteine, aus denen bisher eine grössere Anzahl von Formen in deutlicher Erhaltung bekannt geworden ist. Die Arten aus den Silurischen Schichten des Staates Tennessee habe ich zuerst in Leonhard und Bronn's Jahrbuch[1]), später ausführlicher und vollständiger in meiner Monographie der Silurischen Fauna des Westlichen Tennessee[2]) beschrieben. Die Kenntniss der Sadewitzer Arten betreffend, so hat Oswald nicht nur das Verdienst die verschiedenen Arten mit besonderer Sorgfalt gesammelt zu haben, sondern er hat auch schon versucht dieselben generisch und specifisch zu bestimmen. Die Aufstellung von einem der wichtigsten generischen Typen, der Gattung *Astrospongia*, rührt von ihm her.

Die an den Spongien der Silurischen Schichten von Tennessee zuerst gemachte Beobachtung, dass sie sämmtlich im Gegensatz zu den Spongien der jüngeren Formationen und der Jetztwelt frei, d. i. nicht an fremde Körper festgewachsen waren, hat sich in gleicher Weise an denjenigen von Sadewitz bestätigt. Jedes auf der Unterseite deutlich erhaltene Exemplar zeigte diese völlig gerundet und ohne Spur einer Anwachsstelle. Es darf daher vorläufig als allgemeiner Erfahrungssatz gelten, dass die Spongien der Silurischen Schichtenreihe und der palaeozoischen Gesteine überhaupt im Gegensatz zu den Spongien der jüngeren Bildungen und der Jetztzeit einer Anheftungsstelle entbehren und deshalb frei im Meere lebten. Durch diesen freien Zustand ist augenscheinlich auch die durchgängig regelmässig kreisrunde Gestalt der Silurischen Spongien bedingt, welche mit der unregelmässig knol-

---

[1]) Ueber eine neue Art der Gattung *Bhaenochitina* und mehrere zweifelhafte Spongien in Ober-Silurischen Kalkschichten der Grafschaft Decatur im Staate Tennessee in Nord-Amerika von Dr. Ferd. Roemer in: Leonh. und Bronn's Jahrb. 1848, pag. 680—683.

[2]) Die Silurische Fauna des westlichen Tennessee. Eine palaeontolog. Monographie von Dr. Ferd. Roemer; mit fünf Tafeln. Breslau 1860, pag. 5—17, Taf. I.

1

tigen Form der späteren Seeschwämme auffallend kontrastirt. Jenes Verhältniss der Silurischen Schwämme erscheint besonders bei der Erwägung bemerkenswerth, dass in den niederen Thierklassen allgemein der frei bewegliche Zustand als Zeichen einer höheren Organisations-Stufe, die Anheftung des Körpers an fremde Körper als Zeichen einer niedrigeren angesehen wird. Nach der im Grossen und Ganzen jedenfalls geltenden Vervollkommnung der Organismen mit dem Anfsteigen in der Reihenfolge der sedimentären Gesteine sollte gerade das entgegengesetzte Verhalten erwartet werden.

Das geognostische Niveau der Spongien von Sadewitz betreffend, so ist es das tiefste, in welchem überhaupt sicher als solche bestimmbare Seeschwämme bisher beobachtet wurden. Denn nach der früher gegebenen Darlegung gehören die Sadewitzer Geschiebe in ein Niveau an der oberen Grenze der Unter-Silurischen Schichtenreihe, die Schichten dagegen, in denen im westlichen Tennessee die zahlreichen Spongien gefunden werden, entsprechen eben so wie diejenigen, in welchen auf der Insel Gotland *Astylospongia praemorsa* vorkommt, dem Englischen Wenlock-Kalk und gehören dem Centrum der Ober-Silurischen Schichtenreihe an. Bei diesem Abstande des geognostischen Niveaus kann auch die fast durchgängige specifische Verschiedenheit der Arten an den ausserdem durch weiten räumlichen Zwischenraum getrennten Lokalitäten nicht befremden. Nur *Astylospongia praemorsa* und vielleicht *Ast. inciso-lobata* sind der Fauna des westlichen Tennessee mit derjenigen von Sadewitz gemeinsam. Die generische Uebereinstimmung betreffend, so ist ausser der Gemeinsamkeit von *Astylospongia*, welche in beiden Faunen durch mehrere Arten vertreten ist, das Vorkommen von je einer Art der bemerkenswerthen Gattung *Astraeospongia* in beiden Faunen hervorzuheben.

AULOCOPIUM Oswald 1846.

In einem Berichte, welchen der Apotheker Oswald in Oels im November 1846 über die Petrefakten von Sadewitz der Schlesischen Gesellschaft für vaterländische Cultur erstattete und welcher in den 1847 veröffentlichten Schriften der genannten Gesellschaft S. 56—65 abgedruckt ist, bemerkt der Verfasser S. 58, dass Goldfuss in Bonn, welchem er einen Theil seiner Sadewitzer Sammlung zur Bestimmung übersendet habe, ihm mitgetheilt habe, dass für die in der Sammlung enthaltenen Schwammkorallen eine neue Gattung zu errichten sei, welche ihre Stelle zwischen *Cnemidium* und *Siphonia* erhalten müsse. Demgemäss habe er denn unter den ihm von Goldfuss vorgeschlagenen Namen die Benennung *Aulocopium* gewählt und bestimme den Gattungs-Charakter des neuen Geschlechts wie folgt:

„Stamm festgewachsen, gestielt, kreisel-, birn-, schüssel- oder becherförmig, aus feinen zu Büscheln verbundenen Fasern, zwischen welchen runde Kanäle durchziehen, von welchen kleinere nach der Peripherie divergiren und kleinere nach der Mitte der Scheitelfläche oder der Vertiefung convergiren. Untere Seite mit dichter concentrisch gerunzelter Kruste oder mit mehr oder weniger unregelmässigen Lamellen und Rissen, welche von der vertieften Mitte ausgehen. Steht zwischen *Siphonia* und *Cnemidium*. Hat die regelmässigen Kanäle der ersten Gattung und die Lamellen und Risse der letzteren. Die Kruste der unteren Fläche unterscheidet sie von beiden.“

Gleich darauf folgt die Aufzählung der Species, welche Oswald erkannt zu haben glaubt, und deren Zahl sich auf 14 beläuft, jedoch lediglich die Namen ohne Beschreibung.

Der von Oswald aufgestellte Gattungs-Charakter fordert in mehrfacher Beziehung Ergänzung und Berichtigung. Zunächst fehlt in der mitgetheilten Gattungsbestimmung das wichtigste Merkmal, welches die hier generisch zusammengefassten Schwämme nicht nur von *Siphonia* und *Cnemidium*, denen sie angeblich zunächst verwandt sein sollen, sondern überhaupt von den Schwämmen aller späteren Formationen bestimmt unterscheidet, nämlich der Mangel jeder Anheftungsstelle. Die fraglichen Schwämme waren frei und nicht an fremde Körper festgewachsen; während die Diagnose irrthümlich gerade das Gegentheil angiebt. Die bei den meisten Arten sehr regelmässig kreisrunde Gestalt, welche in auffallendem Gegensatze zu der unregelmässigen Form der meisten lebenden Spongien und derjenigen der jüngeren Formationen steht, ist durch das freie Wachsthum bedingt.

Ich habe früher[1] unter der generischen Benennung *Astylospongia* eine Reihe gleichfalls freier Seeschwämme aus den Silurischen Schichten des Staates Tennessee beschrieben, von denen die bekannteste Art die auch an vielen Stellen in Europa vorkommende *Astylospongia praemorsa* (früher *Siphonia praemorsa!*) ist und es entsteht die Frage, wie bei der Gemeinsamkeit dieses Hauptmerkmals die beiden Gattungen sich sonst generisch gegen einander verhalten. Die äussere Form würde kaum einen Unterschied begründen, denn diese ist bei den Arten beider Gattungen gleich mannichfaltig. Auch der Verlauf der inneren Kanäle ist nicht so abweichend um einen generischen Unterschied abzugeben. In der That erkenne ich nur in der feineren Struktur eine Verschiedenheit. Die eigenthümliche Zusammensetzung des Schwammes aus kleinen unter sich zusammenhängenden regelmässig sechsstrahligen sternförmigen Körpern, wie sie bei *Astylospongia praemorsa* und einigen anderen Arten der Gattung beobachtet wurde, hat sich bei keiner der *Aulocopium*-Arten von Sadewitz erkennen lassen und dieser Umstand bestimmt mich allein *Aulocopium* und *Astylospongia* nicht zu vereinigen, sondern generisch getrennt zu halten. Im Ganzen würden demnach bereits vier freie Spongien-Gattungen aus Silurischen Schichten bekannt sein: *Astylospongia*, *Palaeomanon*, *Astraeospongia* und *Aulocopium*. Der Gattungscharakter von *Aulocopium* würde in folgender Weise zu fassen sein.

AULOCOPIUM.

Ein freier (d. i. nicht fest gewachsener) kugeliger, halbkugeliger, scheibenförmiger oder subcylindrischer regelmässig gestalteter Schwamm von fester, daher auch im fossilen Zustande niemals verdrückter Substanz. Die Oberseite mehr oder minder tief trichterförmig ausgehöhlt, die Unterseite mit einer concentrisch runzeligen nicht porösen Kruste oder Epitheca bedeckt. Die innere Körpermasse ist durch ein excentrisch faseriges Gewebe gebildet, welches von feineren excentrisch radialen und von grösseren concentrischen Kanälen durchzogen wird.

Arten: 6, alle in den Silurischen Geschieben von Sadewitz[2].

---

[1] Die Silurische Fauna des westlichen Tennessee von Dr. Ferd. Roemer. Breslau 1860. S. 7. ff.

[2] Oswald zählt in seiner Liste der Versteinerungen von Sadewitz 14 Arten der Gattung auf. Allein mehrere dieser angeblichen Arten sind nur werthlose Varietäten anderer Arten. Da ausser Namen von Oswald keinerlei Beschreibung oder Abbildung beigegeben ist, auch Zettel von Oswald's Hand nur wenigen Exemplaren noch beiliegen, so ist es nicht möglich, obgleich die ganze Sammlung Oswald's mir vorliegt, zu bestimmen, auf welche Stücke sich jene Art-Namen beziehen.

1. AULOCOPIUM AURANTIUM. Taf. II. Fig. 1a—c.

Aulocopium aurantium. Oswald: Bericht über die Petrefacten von Sadewitz in Arbeiten der Schles. Ges. für vaterl. Kultur im Jahre 1846 S. 95 (blosser Name ohne Beschreibung und Abbildung ?)[1].

Der Körper sphäroidisch, apfelförmig, unten abgeflacht nach oben hin etwas verengt; die Mitte des Scheitels vertieft, einige undeutliche Furchen von dieser Vertiefung ausstrahlend. Die Unterseite mit einer dicken regelmässig concentrisch runzeligen, von der Substanz des übrigen Schwammes verschiedenen compakten Epitheca versehen, welche jedoch nicht bis zu dem Umfange der unteren Fläche reicht, sondern plötzlich absetzend einen ringförmigen flachen Aussenrand freilässt, welcher mit ausstrahlenden Reifen und noch feineren dazwischen liegenden erhabenen Linien geziert ist. In der Mitte der Unterseite erhebt sich die Epitheca zu einer knopfförmigen Erhöhung, welche jedoch keinerlei Anheftungsstelle erkennen lässt. Die übrige Oberfläche des Schwammes ist durch ein gleichförmig dichtes Gewebe gebildet und zeigt keine grösseren Oeffnungen.

Die vorstehende Beschreibung der Art wurde vorzugsweise nach einem ganz vollständigen, durch einen vertikalen mittleren Schnitt in zwei Hälften getheilten Exemplare entworfen. Es ist dasselbe, welches den Abbildungen Fig. 1 a—c zu Grunde liegt. Zahlreiche andere Exemplare liegen vor, welche theils in der Grösse, theils in der allgemeinen Gestalt mehr oder minder von der typischen Form abweichen. Häufig fehlt das untere mit der Epitheca bekleidete Ende und der Schwamm ist dann unten durch eine ebene oder flachvertiefte Fläche begrenzt, welche radiale Struktur-Fasern und Leisten zeigt. Während nämlich der Hauptheil des Schwammes aus einer kalkigen Versteinerungsmasse besteht, so ist dagegen der unterste Theil des Schwammes genau so weit, als die Epitheca reicht, regelmässig in hellen halbdurchsichtigen grau blauen Chalcedon oder Hornstein verwandelt (Vergl. Fig. 1c.). Dieser untere kieselige Theil scheint sich von dem grösseren kalkigen Theile leicht abzulösen und so entsteht dann jene gerade Abstumpfung oder flache Vertiefung des unteren Endes.

Bei dem abgebildeten Exemplare reicht ein grosser weiter centraler Kanal mit allmählicher Verengerung nach unten bis zum letzten Drittel der ganzen Höhe des Schwammes hinab und erst dann verzweigt er sich in mehrere kleinere. Ein minder grosses, nur 57 millim. breites Exemplar, welches gleichfalls durch einen vertikalen Median-Schnitt in zwei Hälften getheilt ist, zeigt dagegen statt eines einzigen ungetheilten grossen Kanals 6 bis 7 kleinere, nur 1½ millim. breite Kanäle, welche mit einander parallel laufend oben im Grunde der Scheitelvertiefung ausmünden. Offenbar werden bei höherem Alter des Schwammes die dünnen Wandungen dieser Kanäle zerstört und es entsteht dann der weite mittlere Kanal der grösseren Exemplare.

Vorkommen: Die Art ist die häufigste unter den Spongien der Fauna. Es liegen 15 Exemplare derselben vor. Alle sind frei aus dem Gesteine gelöst und bei allen ist die Versteinerungsmasse derselbe dichte graue Kalkstein, in welchen überhaupt die Versteinerungen der Fauna verwandelt sind.

---

[1] Es wurde für diese Art die Benennung Oswald's beibehalten, weil sich durch beiliegende Etiquetten von Oswald's eigener Hand sicher ermitteln liess, dass Oswald die hier zu beschreibende Art unter dem Namen begriff.

Erklärung der Abbildungen: Fig. 1a stellt das vollständigste der vorliegenden Exemplare in natürlicher Grösse von der Seite dar. Fig. 1b dasselbe von unten. Fig. 1c giebt die Ansicht eines vertikalen Median-Schnittes desselben Exemplares. Der untere aus blau grauem Chalcedon bestehende Theil des Schwammes über der basalen Epitheca erscheint in der Zeichnung durch hellere Färbung deutlich von der übrigen Masse abgesetzt. Die exzentrisch radialen Strahlen des Gewebes lassen sich undeutlich in die Chalcedonmasse verfolgen. Der grosse mittlere Kanal, der in der Zeichnung weiss, wie auch die kleineren concentrischen Kanäle erscheint, ist in dem Exemplare selbst, mit der gewöhnlichen grauen Kalkmasse erfüllt.

2. AULOCOPIUM DIADEMA. Taf. I. Fig. 1a—c.

Aulocopium diadema Oswald i. Verh. der Schles. Ges. für vaterl. Kultur im Jahre 1846. S. 58.

Ein sehr grosser kreisrunder sphäroidischer Schwamm, welcher am Umfange mit einer Doppelreihe grosser dicker Knoten geziert, in der Mitte der Oberseite aber durch eine mehr oder minder weite trichterförmige Vertiefung tief ausgehöhlt und auf der unteren Seite mit einer concentrisch runzeligen und am Umfange zierlich wellenförmig gebogenen dicken Epitheca bekleidet ist.

Von dieser grossen und schön gestalteten Spongie liegen mehrere vollständige Exemplare vor, welche zwar im Einzelnen erheblich von einander abweichen, aber doch in den vorstehend angegebenen specifischen Charakteren übereinkommen. Das grösste der vorliegenden Exemplare misst 7 Zoll in der Breite. Die Abbildungen Fig. 1a—c stellen ein Exemplar mittlerer Grösse dar. Das auffallendste Merkmal der Art besteht in den dicken vorragenden Knoten, welche in einer Doppelreihe den Umfang umgeben. Die Knoten der unteren Reihe sind regelmässig die grösseren. Die Knoten der oberen Reihe stehen unvollkommen alternirend über ihnen. Ueber der oberen Knotenreihe steigt der Schwamm mit allmählicher Verengerung zu der flach gewölbten Scheitelfläche auf. Die Mitte der letzteren nimmt eine tiefe trichterförmige Oeffnung ein. Die Weite derselben scheint bei alten Exemplaren verhältnissmässig viel grösser zu sein, als bei jüngeren. Auf den schief geneigten Flächen der Höhlung bemerkt man eine unregelmässige grobe Längsreifung. Die Unterseite des Schwammes, hat, wenn die dieselbe bekleidende nicht poröse kompakte rindenartige Haut oder Epitheca vollständig erhalten ist, ein vorzugsweise zierliches Ansehen. Die Epitheca ist nämlich am Umfange in fast regelmässiger Art grob wellenförmig gekerbt und die Anwachsstreifen der Oberfläche gehen diesen Kerben parallel. In der Mitte der Unterseite erhebt sich die Epitheca zu einem halbkugeligen glatten Knopf ohne jede Spur einer Anheftungsstelle.

Bei einem vertikalen Schnitte durch die Mitte des Schwammes nimmt man zunächst eine auffallende Verschiedenheit der Versteinerungsmasse im Innern des Schwammes wahr. Während nämlich die Hauptmasse desselben durch den gewöhnlichen grauen dichten Kalkstein gebildet wird, so besteht, gerade wie bei *Aulocopium aurantium*, der untere Theil über der Epitheca aus weissem undurchsichtigem oder blau grauem durchscheinendem Chalcedon. Nach oben ist diese Chalcedonmasse mit scharfer flach gewölbter Grenze gegen den grauen Kalkstein abgesetzt: deshalb hat sich diese kieselige Scheibe auch leicht von dem kalkigen Theile gelöst und bei mehreren der vorliegenden Exemplare fehlt sie deshalb auch ganz, gerade wie bei *Aulocopium aurantium*. Es muss seinen bestimmten Grund haben, dass sich die kieselige Substanz gerade in dem unteren Theile des Schwammes so vorzugsweise angesammelt hat. Entweder war schon beim Leben des Schwammes der untere Theil von kieseliger oder doch von derjenigen des übrigen Körpers verschiedener Substanz, oder, was wahrscheinlicher ist, die dichte, kompakte Beschaffenheit der Epitheca hat bei dem Versteinerungsprocesse die von oben eindringende kieselige Substanz zurückgehalten und deren Ansammlung über der Epitheca bewirkt.

Ich habe in Wishy auf der Insel Gotland und in Kopenhagen Exemplare eines aus den Ober-Silurischen Kalkschichten der Insel Gotland herrührenden Schwammes gesehen, welcher mit einer ganz ähnlichen concentrisch runzeligen und wellenförmig gebogenen Epitheca auf der Unterseite versehen ist und auch nach der äusseren Form in die Verwandtschaft der *Aulec. diadema* gehört.

Im Uebrigen zeigt der mittlere Vertikal-Schnitt der *Aulec. diadema* durch zahlreiche von der centralen Achse gegen die Oberfläche ausstrahlende, gebogene, auf der äusseren Oberfläche ausmündende excentrische und zugleich noch etwas grössere in die trichterförmige mittlere Vertiefung mündende concentrische Kanäle. Durch die hellere Färbung ist die Ausfüllungsmasse dieser Kanäle von der Versteinerungsmasse des dazwischen liegenden Gewebes ausgezeichnet.

Zuweilen ist die ganze Gestalt des Schwammes viel flacher als bei der beschriebenen typischen Form, so dass die Breite doppelt so gross, als die Höhe ist. Anderer Seits treten bei einigen Exemplaren die Knoten des Umfanges fast ganz zurück, dann wird die allgemeine Form derjenigen von *Aulocopium coronatum* ähnlich und es soll die Möglichkeit, dass beide Arten durch vollständige Uebergänge mit einander verbunden wären, nicht durchaus in Abrede gestellt werden.

Der Species-Name Oswald's ist für die Art beibehalten worden, da sich durch einige dem Namen beigefügte beschreibende Worte, so wie durch die einigen Exemplaren angehefteten Etiquetten von Oswald's eigener Hand bestimmt feststellen liess, dass seine Benennung *Aulocopium diadema* sich wirklich auf die hier zu beschreibende Art bezieht.

Vorkommen: Es liegen 8 Exemplare der Art vor.

Erklärung der Abbildungen: Fig. 1a stellt ein Exemplar von mittlerer Dimension in natürlicher Grösse von oben gesehen dar. Fig. 1b dasselbe von unten gesehen. Fig. 1c dasselbe im mittleren Vertikal-Schnitt. Das in der Zeichnung heller gehaltene untere Drittel besteht aus weissem undurchsichtigem Chalcedon. Die dunkeleren lang gezogenen beiden Partien bestehen aus durchscheinendem Chalcedon und der dunkele fast dreieckige Fleck gerade unter dem unteren Ende der trichterförmigen Vertiefung aus durchsichtigem krystallinischem Quarz.

3. AULOCOPIUM HEMISPHAERICUM. Taf. II. Fig. 3a, 3b.

Ein halbkugeliger auf dem Scheitel vertiefter und mit ausstrahlenden unregelmässigen Rippen versehener, auf der Unterseite flach concaver Schwamm, welcher im Innern die wesentlichen der Gattung zustehenden Merkmale zeigt.

Im Gegensatze zu den meisten anderen Arten des Geschlechtes fehlt dem hier zu beschreibenden Schwamm eine Epitheca oder concentrisch runzelige Haut auf der Unterseite. Die concave untere Fläche des Schwammes zeigt dieselbe kalkige Beschaffenheit, wie der Körper überhaupt und ein poröses Schwammgewebe, welches zwar feiner und dichter ist, als auf den Seitenflächen, aber sehr verschieden von der glatten kompakten Natur der kieseligen Epitheca bei *A. aurantium* und anderen Arten. Auch scheint es kaum, als sei etwa eine solche Bekleidung der Unterseite vorhanden gewesen und nur bei dem vorliegenden Exemplare zerstört. Denn sonst würde wie bei *A. aurantium* in diesem Falle die radiale Struktur des Innern auf der Unterseite bemerkbar sein, was doch durchaus nicht der Fall. Von einer Anheftungsstelle ist auch bei dieser Art keine Spur wahrzunehmen.

Vorkommen: Es liegt nur ein einziges aber sehr vollständiges und frei aus dem Gesteine gelöstes Exemplar vor. Dasselbe wurde in der Mitte durchschnitten, um die innere Struktur zu erkennen.

Erklärung der Abbildungen: Fig. 3 a der Schwamm in natürlicher Grösse von oben gesehen. Fig. 3 b Ansicht der vertikalen Schnittfläche durch die Mitte des Schwammes. Die helleren Partien sind die mit hellerer Kalksteinmasse erfüllten Kanäle, die dunkleren Partien das feinmaschige von dem Mittelpunkte ausstrahlende Gewebe.

4. AULOCOPIUM CEPA. Taf. II. Fig. 2a, 2b.

Ein niedergedrückt sphäroidischer zwiebelförmiger Schwamm, welcher in der unteren Hälfte die grösste Ausdehnung hat und von hier aus nach oben sich stumpf kegelförmig verjüngt. Der Scheitel ist durch eine weite trichterförmige Oeffnung mit undeutlichen radialen Reifen ausgehöhlt. Der diese Scheitelöffnung umgebende wulstförmige Rand erscheint in undeutliche stumpfe Knoten getheilt. Die schief abfallenden Seitenflächen zeigen einige unregelmässige Vertiefungen von der Art, als wären sie mit dem Finger in eine plastische Masse eingedrückt worden. Die Unterseite des Schwammes ist flach convex und in der Mitte zu einer stumpf konischen Spitze erhoben. Von einer Anheftungsstelle ist auch hier keine Spur vorhanden. Ebenso wenig ist eine von der übrigen Schwammmasse verschiedene concentrisch runzelige Haut oder Epitheca, wie sie bei den typischen Arten des Geschlechts vorkommt, vorhanden. Wenigstens zeigt das vorliegende Exemplar nichts davon. Das poröse Schwammgewebe reicht bis an die untere Fläche selbst und ebenso weit reicht auch die durchgängig kalkige Beschaffenheit des Schwammes, während bei *A. diodema* und *A. aurantium* die untere Partie des Schwammes über der Epitheca regelmässig von kieseliger Beschaffenheit ist. Vielleicht ist trotz der erscheinenden Vollständigkeit der Unterseite dennoch eine Epitheca vorhanden gewesen und nur zufällig zerstört worden.

Der innere Bau des Schwammes zeigt die wesentlichen der Gattung zukommenden Merkmale. Von einem bedeutend unter der Mitte der vertikalen Mittelachse liegenden Punkte strahlt das poröse, in bräunliche Versteinerungsmasse verwandelte Schwammgewebe mit den dazwischen liegenden Kanälen in sanft gebogenen Radien nach allen Punkten des Umfangs aus. Einzelne concentrische Kanäle kreuzen die radialen. In dem unteren Theile des Schwammes ist das Gewebe dichter und von weniger zahlreichen Kanälen durchbrochen.

Im Ganzen stimmt der Bau des Gewebes am meisten mit demjenigen von *A. hemisphaericum* überein.

Nach diesem könnten beide Arten sehr wohl identisch sein. Doch kennt man für jetzt keine Uebergänge zwischen der allerdings sehr abweichenden äusseren Gestalt der beiden Arten.

Vorkommen: Nur ein einziges, aber durchaus vollständig erhaltenes Exemplar liegt vor. Dasselbe ist in der Mitte durchschnitten worden, um die innere Struktur beobachten zu können.

Erklärung der Abbildungen: Fig. 2a stellt das einzige vorliegende Exemplar von der Seite gesehen, in natürlicher Grösse dar. Fig. 2b giebt die Ansicht der vertikalen Schnittfläche desselben Exemplares. Die hell gehaltene Partie unter der trichterförmigen Scheitelöffnung ist Kalkmasse ohne alle Schwammstruktur und daher die Ausfüllung des unteren Theils der trichterförmigen Scheitelvertiefung, welche in Wirklichkeit beim Leben des Schwammes bis über die Mitte hinabgereicht hat.

5. AULOCOPIUM DISCUS n. sp. Taf. III. Fig. 1a, 1b.

Ein grosser scheibenförmiger Schwamm, welcher oben durch eine weite trichterförmige Oeffnung tief ausgehöhlt ist und auf den Flächen des vertikalen Durchschnittes die wesentlichen inneren Merkmale der Gattung zeigt. Zahlreiche unregelmässige Furchen strahlen aus der trichterförmigen mittleren Oeffnung über die schmale Scheitelfläche und die in rundlicher Wölbung nach aussen abfallenden Seitenflächen. Das Exemplar, welches in den Abbildungen Fig. 1a—b dargestellt ist und auf welchen die Aufstellung der Art vorzugsweise beruht, misst 6 Zoll in der Breite. Dasselbe ist bis auf die flach concave Unterseite ganz vollständig. Diese letztere ist aber augenscheinlich nicht unversehrt erhalten, sondern es fehlt der untere Theil des Schwammes. Abgesehen von der unregelmässigen Beschaffenheit der Unterseite wird dies namentlich durch das Verhalten einiger anderer nachher zu erwähnender Exemplare wahrscheinlich gemacht. Auch würde, wenn das Exemplar in der vorliegenden Erhaltung vollständig wäre, die mittlere trichterförmige Vertiefung fast bis zur Basal-Fläche des Schwammes hinabreichen, was gegen die durch die anderen Arten dargebotene Analogie zu sein scheint. In der That zeigt die untere Fläche auch eine ähnliche radial-faserige Struktur, wie sie bei den Exemplaren des *Aulocopium aurantium* gefunden wird, wenn der unterste Theil des Schwammes fehlt.

Ausser dem bisher vorzugsweise berücksichtigten Exemplare liegen uns noch zwei andere kleinere von 5 und 4 Zoll Durchmesser vor, welche ich mit ziemlicher Sicherheit derselben Art zurechnen zu können glaube. Bei dieser ist umgekehrt die Oberseite verletzt, dagegen die Unterseite vollständig erhalten. Die erhaltene Unterseite ist gewölbt und auf der Oberfläche mit kleinen 1 bis 1½'" langen Granulationen oder länglichen Tuberkeln dicht bedeckt, welche in undeutlichen vom Mittelpunkte ausstrahlenden Radien angeordnet sind. Das kleinste Exemplar ist in der Mitte durch einen vertikalen Schnitt getheilt. Hier erkennt man auf den Schnittflächen eine ganz ähnliche innere Struktur wie bei *Aulocopium sp.* Von einem etwas unter der Mitte liegenden Centrum strahlen bogenförmig gekrümmte Gewebe-Radien mit dazwischen liegenden parallelen und einzelnen kreuzenden concentrischen Kanälen nach allen Richtungen hin aus. Der unterhalb dieses Centrum liegende Theil des Schwammes zeigt das dichteste und von den wenigsten Kanälen durchzogene Gewebe.

Bei dieser Uebereinstimmung des inneren Baues wäre es trotz der Ungleichheit der äusseren Form nicht unmöglich, dass *A. dienu* und *A. ops* bei Vergleichung einer grösseren Anzahl von Exemplaren nur als verschiedene Formen derselben Art sich ergäben.

Von einer runzeligen, von der Substanz des übrigen Schwammes verschiedenen Haut ist auch auf der Unterseite der kleineren Exemplare nichts wahrzunehmen und der ganze Schwamm ist in gleichartige dichte Kalkmasse verwandelt. Ebenso wenig wird irgend eine Andeutung einer Anheftungsstelle wahrgenommen.

Vorkommen: Es liegen drei Exemplare vor. Das grösste von diesen liegt der Beschreibung vorzugs-weise zu Grunde. Die zwei kleineren Exemplare verhalten sich etwas anders und sind auf der Oberseite unvollständig.

Erklärung der Abbildungen: Fig. 1 a stellt das grösste und vollständigste der vorliegenden Exemplare in natürlicher Grösse von oben gesehen dar. Fig. 1 b giebt die Ansicht einer Fläche des vertikalen Durch-schnittes derselben Art. Die helleren Partien sind auch hier die mit lichter gefärbter Kalksteinmasse ausgefüllten Kanäle.

6. AULOCOPIUM CYLINDRACEUM n. sp. Taf. III. Fig. 2a, 2b.

Ein unten kreiselförmiger, übrigens nahezu walzenförmiger, mit einigen unregelmässigen Einschnürungen versehener und in der Mitte des Scheitels tief ausgehöhlter Schwamm, welcher im Innern die wesentlichen Merkmale der Gattung zeigt.

Das vollständigste Exemplar ist das in Fig. 2a von der Seite dargestellte. Die ganze Oberfläche desselben zeigt ein rauhes dichtes Schwammgewebe ohne grössere Oeffnungen. Das untere Ende ist nicht ganz voll-ständig erhalten. Eine Epithecа ist hier nicht vorhanden. Ebenso wenig eine Anheftungsfläche. Bei der verlängerten Gestalt ist freilich schwer ersichtlich, wie sich der Schwamm in aufrechter Richtung hat erhalten können, ohne unten angeheftet zu sein. Auf dem mittleren Längsschnitt zeigt das Exemplar einen bis an das untere Drittel des Schwammes niedergehenden weiten centralen Kanal, der mit grauer Kalksteinmasse erfüllt ist, und ein in bräunliche Kalkmasse verwandeltes Fasergewebe, welches von einem unterhalb des unteren Endes des centralen Kanals gelegenem Punkte ausstrahlt. Diese innere Struktur ist noch deutlicher bei einem viel kürzeren nur zwei Ringwülste zeigenden Exemplare, welches ebenfalls durch einen mittleren vertikalen Längsschnitt in zwei Hälften getheilt ist. Dieses Exemplar liegt der Fig. 2 b zu Grunde. Der centrale Kanal reicht hier mit allmählicher Verengerung fast bis zu dem unteren Ende. Zugleich zeigt dieses Exemplar, was bei dem grösseren nur sehr undeutlich erkennbar ist, zahlreiche unregelmässig über die Scheitelfläche strahlende radiale Furchen. Auch dieses Exemplar zeigt übrigens nichts von einer Epithecа.

Die Verwandtschaft mit anderen Arten des Geschlechtes betreffend, so ist die hier zu beschreibende Art durch die bedeutend verlängerte Gestalt von allen anderen bekannten specifisch hinlänglich unter-schieden. In der inneren Struktur zeigt sie die meiste Aehnlichkeit mit *A. curustion* und *A. ops.*

Vorkommen: Es liegen nur die zwei für die Beschreibung benutzten Exemplare der Art vor.

Erklärung der Abbildungen: Fig. 2a stellt das grössere der beiden Exemplare in natürlicher Grösse von der Seite gesehen dar. Fig. 2 b giebt die Ansicht einer Schnittfläche des in der Mitte getheilten kleineren Exemplare.

10

1. ASTYLOSPONGIA PRAEMORSA. Taf. II. Fig. 6a—d.

1826 *Siphonia praemorsa* Goldfuss Petref. Germ. I, pag. 17, tab. VI, fig. 9.
— *Siphonia convexa* Goldfuss Petref. Germ. I, pag. 17, tab. VI, fig. 8.
1837 *Siphonia praemorsa* Hisinger Leth. Suec. pag. 94, tab. XXVI, fig. 7.
— *Siphonia stipitata* idem Anden pag. 94, tab. XXVI, fig. 8.
1840 *Siphonia praemorsa* Eichwald: Ueber das Silur. Schichten-Syst. in Ehstland pag. 210.
1843 — — Maximilian, Herzog von Leuchtenberg: Beschreibung einiger neuen Thierreste aus den Silur. Kalkseh. von Zarskoje-Selo, St. Petersburg pag. 54.
1848 — — Ferd. Roemer in Leonh. und Bronn's Jahrb. pag. 684.
1850 *Jerea convexa* d'Orbigny Prodrome de Pal. strat. II, pag. 196.
1852 *Siphonia praemorsa* Ferd. Roemer in: Leth. geognost. ed. 3, Th. II, 134 tab. XXVII, fig. 21.
1860 *Astylospongia praemorsa* Ferd. Roemer: Die Silur. Fauna des West. Tennessee. Breslau pag. 8, tab. I, fig. 1, 1 a – e.

Ein Flintenkugel- bis Apfel-grosser, gewöhnlich nur Wallnussgrosser kugeliger oder etwas zwiebelförmig niedergedrückter Schwamm mit abgestutztem und schüsselförmig vertieftem Scheitel und völlig zugerundeter oder etwas abgestutzter, nie aber mit einer Anwachsstelle versehenen Unterseite. Der vertiefte Scheitel zeigt zahlreiche, in fast regelmässigen Radial-Reihen angeordnete Oeffnungen, — die Mündungen senkrechter, den Schwamm in seiner ganzen Dicke durchziehender grösserer Kanäle. Vom Rande der Scheitelfläche strahlen über die Seiten unregelmässige, zum Theil sich verästelnde Furchen aus, welche bei älteren Exemplaren tiefer und breiter werden. Die Versteinerungsmasse ist fast immer kieselig, Hornstein oder Chalcedon. Theilt man den verkieselten Schwamm durch einen senkrechten Mittelschnitt, so erkennt man auf der Schnittfläche ausser den schon erwähnten grösseren senkrechten Kanälen, eine Anzahl excentrisch radialer und eben so auch koncentrischer Kanäle, welche sämmtlich mit hellerer, durchscheinender Kieselmasse ausgefüllt zu sein pflegen. Die eigentliche Hauptmasse des Schwammes wird durch ein poröses Schwammgewebe gebildet, welches aus kleinen, schon mit dem unbewaffneten Auge, deutlicher aber mit der Loupe erkennbaren, sehr regelmässig sechsstrahligen, sternförmigen Körpern besteht, welche so unter sich verbunden sind, dass die Strahlen des einen Sternes unmittelbar in die Strahlen der zunächst angrenzenden Sterne übergehen.

Ich habe diese unter der Benennung *Siphonia praemorsa* seit längerer Zeit bekannte Art zum Typus einer neuen Gattung *Astylospongia* mit folgendem Gattungscharakter gemacht:

„Der kugelige oder dick scheibenförmige, fast regelmässig kreisrunde Schwamm ist frei, nicht aufgewachsen. Das innere Gewebe wird durch kleine, sehr regelmässig sternförmige Körper, welche durch ihre Strahlen unter einander zusammenhängen, gebildet. Grössere Kanäle laufen vom Centrum strahlenförmig zur Oberfläche und werden durch concentrische Kanäle gekreuzt."

Der entschieden freie nicht angewachsene Zustand und die damit zusammenhängende Regelmässigkeit der kreisrunden Gestalt sind die Haupt-Merkmale, welche die Gattung von den ächten Siphonien des Kreidegebirges, mit welchen sie die senkrechten Kanäle und die grösseren Scheitelöffnungen gemein hat, trennt. Ausserdem ist die Zusammensetzung des Schwammgewebes aus regelmässigen unter sich zusammenhängenden sternförmigen Körpern bezeichnend.

Friedr. Schmidt (Unters. über die Silur. Formation von Ehstland etc. pag. 222) behauptet, Hisinger's *Siphonia praemorsa* sei nichts Anderes als das kugelig erweiterte Grundglied der unter der Benennung *Cyathocrinites regsuus* von Hisinger (l. c. pag. 89, tab. XXV fig. 3) aus den Schichten der Insel Gotland beschriebene Säulenstücke von Crinoïden und will in einem Falle das Säulenstück noch im Zusammenhange mit der vermeintlichen *Siphonia premorsa* gefunden haben. Das ist ein auffallender, bei einem so unterrichteten Beobachter nur schwer erklärbarer Irrthum. Hisinger's *Siphonia premorsa* ist ebenso unzweifelhaft eine ächte Spongie wie *Cyathocrinus rugosus* ein Crinoid.

Die geognostische Lagerstätte der Art war lange unsicher. Am häufigsten findet sie sich als loses Geschiebe in dem Diluvium der Norddeutschen Ebene, von Holland bis Königsberg. Der Umstand, dass die übrigen Arten der Gattung *Siphonia*, zu welchen sie gestellt wurde, mit Ausnahme weniger jurassischer der Kreide-Formation angehören, ferner die mit derjenigen mancher Kreidefossilien übereinstimmende Erhaltungsart in dunkeler Feuerstein-artiger Kieselmasse und endlich das Zusammenvorkommen mit anderen erweislich aus zerstörten Kreideschichten herrührenden Fossilien machten die Abstammung aus Schichten der Kreideformation wahrscheinlich und in der That wurde diese allgemein angenommen. Zwar führte Hisinger die Art von der Insel Gotland an, aber nach den zur näheren Bezeichnung des Vorkommens gebrauchten Worten: „*ad littoris maris Gotlandiae rejecta*" betrachtete er sie auch dort nur als ein fremdes Geschiebe. Nach dem Herzog von Leuchtenberg findet sie sich bei Pulkowa bei Petersburg, allein mit Sicherheit will auch er nicht die dort anstehenden Silurischen Schichten, als ihre ursprüngliche Lagerstätte ansehen. Durch die von mir geschehene Beobachtung der Art in anstehenden Schichten des Staates Tennessee ist zuerst die wahre und ursprüngliche Lagerstätte der Art bestimmt ermittelt. Die dort gesammelten Exemplare stimmen vollständig mit den Europäischen überein. Nachdem in Amerika die Silurischen Schichten als die ursprüngliche Lagerstätte der Art ermittelt sind, so kann auch für die in Europa vorkommenden Exemplare die Abstammung aus solchen nicht länger zweifelhaft sein. Alle im Diluvium der Norddeutschen Ebene lose vorkommenden Exemplare rühren zuverlässig aus Silurischen Schichten des nördlichen Europas her. Die grössere Festigkeit der kieseligen Versteinerungsmasse hat sich erhalten, während das einhüllende kalkige Gestein zerstört wurde. In der That besitzt das Berliner Museum ein Exemplar von Wisby auf der Insel Gotland, welches noch in den Silurischen Kalk eingewachsen ist. Ebenso befindet sich in der Sammlung der Geschiebe von Sadewitz neben mehreren losen und verkieselten Exemplaren ein einzelnes, in ein Stück des gewöhnlichen Kalksteins eingeschlossenes Exemplar. Hiernach würde der Art auch eine grössere vertikale Verbreitung zustehen. Sie ist sowohl Unter-Silurisch, wie Ober-Silurisch. Sie gehört zu denjenigen organischen Formen, durch welche das geognostische Niveau unserer Fauna seine Annäherung an die obere Abtheilung der Silurischen Gruppe zeigt. Aus den entsprechenden Schichten Ehstland's scheint man die Art nicht zu kennen, wenigstens führt sie Friedr. Schmidt nicht daraus auf. Als Diluvial-Geschiebe kommt die Art dagegen auch in Ehstland nicht selten vor.

Siphonia excavata ist mit *Siphonia premorsa* synonym. Sie ist durch Goldfuss nach einem einzigen Exemplare des Bonner Museum's aufgestellt worden, welches sich lediglich durch tiefere, von stärkerer Verwitterung oder höherem Alter abhängige Aushöhlung des Scheitels von dem Original-Exemplare der *Siphonia premorsa* unterscheidet. Ein concentrisch runzeliger rindenartiger Ueberzug der Unterseite, welcher sich bei jenem Exemplare erhalten hat, gleicht ganz demjenigen mancher *Aulocopium*-Arten. Ebenso ist Hisinger's *Siphonia alternans* nach der Abbildung und Beschreibung augenscheinlich nicht eine verschiedene

2*

Art, sondern lediglich ein Exemplar, bei welchem durch einen zapfenförmig vorstehenden zufälligen Anhang von Kieselmasse die vertiefte Scheitelfläche verdeckt wird.

Vorkommen: Es liegen 5 Exemplare vor. Davon sind 4 ganz vom Gestein befreit und verkieselt. Das fünfte, nur 10''' breite Exemplar, ist in ein 2 Zoll langes Stück des gewöhnlichen Kalksteines eingeschlossen und selbst in dichten Kalkstein versteinert.

Erklärung der Abbildungen: Fig. 6a ein grosses fast kugeliges Exemplar von der Seite. Fig. 6b stellt ein niedergedrücktes zwiebelförmiges Exemplar von der Seite dar. Fig. 6c Ansicht der Schnittfläche eines durch einen mittleren Vertical-Schnitt getheilten Exemplars.

2. ASTYLOSPONGIA CASTANEA n. sp. Taf. III. Fig. 3a—c.

Ein Wallnuss-grosser kugeliger Schwamm, welcher auf der ganzen Oberfläche mit regellos zerstreuten rauhen Höckern bedeckt und im Innern die der Gattung *Astylospongia* zukommende Struktur des Schwammgewebes zeigt.

Die Gestalt ist so vollkommen kugelig und die äussere Skulptur so gleichförmig, dass nicht einmal zu bestimmen, was oben und unten ist. Von einer Anwachsstelle ist eben so wenig etwas wahr zu nehmen, wie von den Mündungen grösserer Kanäle. Die Tuberkeln der Oberfläche sind oben stumpf und, wenn auch im Ganzen ziemlich gleichartig, doch nicht vollständig von gleicher Grösse, sondern indem zwei oder drei derselben zusammenfliessen, entstehen einzelne grössere.

Mehrere in der Mitte durchschnittene und auf den Schnittflächen polirte Exemplare zeigen deutlich den inneren Bau. Von dem Mittelpunkte aus strahlen nach allen Richtungen gerade radiale Kanäle aus, welche mit helleren durchscheinenden bläulichem Chalcedon erfüllt sind, und zwischen ihnen breitet sich das aus kleinen unter sich zusammenhängenden sternförmigen Körpern bestehende Schwammgewebe aus. Die sternförmigen Körper sind weniger deutlich als bei *Astylosp. praemorsa*, aber das mag nur Folge von weniger vollkommener Erhaltung sein.

Vorkommen: Es liegen 8 Exemplare vor. Das gröste derselben hat einen Zoll im Durchmesser. Alle sind verkieselt und meistens in blauen Chalcedon verwandelt.

Erklärung der Abbildungen: Fig. 3a stellt eines der grösseren Exemplare von der Seite gesehen in natürlicher Grösse dar. Fig. 3b Ansicht der Schnittfläche eines in der Mitte getheilten Exemplars. Fig. 3c ein Stück des inneren Gewebes vergrössert.

3. ASTYLOSPONGIA PILULA n. sp. Taf. III. Fig. 4a, 4b.

Ein kugeliger oder etwas ellipsoidischer Flintenkugel- bis Wallnuss-grosser Schwamm, welcher auf der Oberfläche weder eine Anwachsstelle, noch Mündungen grösserer Kanäle erkennen lässt, so dass auch kein Oben und Unten sich unterscheiden lässt. Im Innern sieht man zahlreiche Kanäle von einem etwas excentrisch gelegenen Punkte nach allen Stellen der Oberfläche ausstrahlen und zwischen denselben erkennt man ein aus undeutlichen sechsstrahligen Sternen bestehendes Gewebe.

Die Art ist anscheinend nur durch die ebene Oberfläche von *Astylosp. cinerea* unterschieden und es wäre möglich, dass sie durch Uebergänge damit verbunden wäre, denn bei einigen Exemplaren tritt schon eine Unebenheit der Oberfläche hervor. Von *Astylosp. praemorsa* ist sie durch das Fehlen einer vertieften Scheitelfläche mit grösseren Oeffnungen unterschieden.

Vorkommen: Es liegt eine ansehnliche Anzahl von Exemplaren von verschiedener Grösse vor. Auf der Oberfläche eines einzigen, nur 3 Zoll langen Kalksteinstücks, das ausserdem *Leptaena sericea* enthält, liegen 8 kleinere Exemplare. Ein anderes Kalksteinstück, in welches ausserdem ein Exemplar von *Streptelasma Europaeum* eingeschlossen ist, enthält deren zwei. Die Art hat daher wohl gesellig in grösser Zahl neben einander gelebt.

Erklärung der Abbildungen: Fig. 4a stellt das erwähnte Kalksteinstück mit einer grösseren Anzahl von Exemplaren in natürlicher Grösse dar. Fig. 4b Ansicht der Schnittfläche eines in der Mitte getheilten Exemplars.

4. ASTYLOSPONGIA INCISA n. sp. Taf. II. Fig. 5.

Ein fast Apfel-grosser kugeliger Schwamm, welcher auf den Seiten durch breite kohlkehlen-artige Längsfurchen in sechs convexe Kugel-Segmente auf der Oberfläche getheilt wird. Eine Anheftungsstelle und Mündungen grösserer Kanäle sind nicht vorhanden. Die obere Seite wird nur durch das tiefere Einschneiden der Furchen als solche bezeichnet.

Ueber den inneren Bau ist nichts bekannt. Doch erkennt man an abgeriebenen Stellen der Oberfläche, dass das Gewebe aus kleinen Sternen wie bei den typischen Arten der Gattung *Astylospongia* besteht.

Da nur ein einziges Exemplar vorliegt, so ist die specifische Selbstständigkeit der Art keineswegs gesichert.

Vorkommen: Nur ein einziges verkieseltes Exemplar liegt vor.

Erklärung der Abbildung: Fig. 5 stellt das einzige vorliegende Exemplar in natürlicher Grösse von der Seite gesehen dar.

5. ASTYLOSPONGIA INCISO-LOBATA. Taf. II. Fig. 4.

Astylospongia inciso-lobata. Ferd. Roemer: Die Silur. Fauna des West. Tennessee pag. 11, Taf. I, fig. 3.

Ein kreisrunder niedergedrückt sphäroidischer Schwamm, welcher auf dem Scheitel flach vertieft ist und am Umfange durch senkrechte Furchen in Längswülste oder Lappen getheilt ist.

Bei der Aehnlichkeit der allgemeinen äusseren Form wird hier diese Art vorläufig mit der früher von mir beschriebenen Species aus den Silurischen Schichten des Westlichen Tennessee verbunden. Da nur ein einziges nicht einmal sehr vollkommen erhaltenes Exemplar vorliegt, so ist diese Bestimmung keineswegen zweifellos. Auch ist das Exemplar von Sadewitz bedeutend grösser und die Einschnitte der seitlichen Furchen sind weniger tief, als bei der typischen Form des Staates Tennessee.

Der innere Bau ist, da das Exemplar in der Mitte durchschnitten ist, deutlich zu erkennen. Er stimmt wesentlich mit demjenigen der typischen *Astylospongia*-Arten überein. Von dem Mittelpunkte strahlen nach allen Punkten zahlreiche feine Radien (Kanäle und deren Wände) aus und dazwischen verbreitet sich ein aus kleinen sternförmigen Körpern bestehendes Gewebe.

Vorkommen: Nur ein einziges verkalktes Exemplar liegt vor. Es ist durch einen senkrechten Mittelschnitt in zwei Hälften getheilt und lässt auf den Schnittflächen den inneren Bau wahrnehmen.

Erklärung der Abbildung: Fig. 4. stellt das einzige vorliegende Exemplar in natürlicher Grösse von der Seite gesehen dar.

*

ASTRAEOSPONGIA PATINA n. sp. Taf. III. Fig. 5a—d.

Ein kreisrunder, oben concaver, unten convexer napfförmiger Schwamm, welcher auf der ganzen Oberfläche und ebenso im Inneren seiner Masse mit kleinen, aber für das unbewaffnete Auge noch deutlich erkennbaren sehr regelmässig sechsstrahligen sternförmigen Körpern erfüllt ist.

Ich habe zuerst in Leonh. und Bronn's Jahrb. 1848, S. 180, dann in der *Lethaea geognostica* ed. 3. Th. II. S. 156, Taf. V¹ Fig. 1 und endlich am ausführlichsten in meiner Schrift: Die Silurische Fauna des Westlichen Tennessee S. 14 Taf. 1. Fig. 6. unter der Benennung *Astraeospongia meniscus* einen eigenthümlichen scheibenförmigen Körper aus Ober-Silurischen Schichten im Staate Tennessee beschrieben, dessen auffallendstes Merkmal sehr regelmässige Sterne mit sechs Strahlen oder Armen bilden, die überall auf der Oberfläche und im Innern der Masse in grosser Zahl zerstreut liegen. Nach der allgemeinen Form, wie nach der inneren Beschaffenheit, kann der fragliche Körper nicht wohl etwas Anderes als eine Spongie oder Seeschwamm sein und die Sterne lassen sich nicht wohl anders, denn als sternförmig gruppirte *Spicula* ansehen. Aus Silurischen Schichten Europas kannte man nichts Aehnliches. Nur M'Coy's *Acanthospongia Sheriniae* aus Silurischen Schichten in Irland zeigte eine entfernte Aehnlichkeit. Nun findet sich aber in den Geschieben von Sadewitz ein Fossil, welches unzweifelhaft zu derselben Gattung wie die Amerikanische Art gehörend sich in der That nur durch die geringeren Dimensionen der sternförmigen Körper und eine geringe Abweichung der allgemeinen äusseren Gestalt specifisch unterscheidet. Während bei der Amerikanischen Art die Sterne so gross sind, dass sie auch bei einer nur oberflächlichen Betrachtung auffallen, nämlich 6 bis 7 millim., so haben sie hier dagegen nur 1 bis 1½ millim. im Durchmesser und können, obgleich mit blossem Auge noch deutlich erkennbar, bei flüchtiger Beobachtung wohl übersehen werden. Im Uebrigen ist ihr Verhalten ganz so wie bei der Amerikanischen Art. Dieselbe regelmässige sechsstrahlige Gestalt, dieselbe gesetzlose Art der Anordnung neben und über einander, derselbe Wechsel von Sternen mit dicken und plumpen Strahlen, mit einzelnen feinstrahligen zierlicheren Sternen und dieselbe Art der Ausfüllung der Zwischenräume zwischen den Sternen durch halbkugelige oder längliche Tuberkeln, welche aus anderen Sternen durch Quertheilung der Strahlen entstanden zu sein scheinen. Die Grösse der Sadewitzer Art ist betrachtlich geringer, als diejenige der Amerikanischen. Das der Beschreibung zu Grunde liegende Exemplar misst 41 millim. im Durchmesser und 20 millim. in der Höhe, während bei *Astr. mucinosa* der Durchmesser bis 60 millim. beträgt. Ausserdem ist der Sadewitzer Schwamm tiefer concav und also auch verhältnissmässig höher, als der Amerikanische. Endlich ist unsere Art auf der Unterseite mit einigen breiten wellenförmigen Ringwülsten versehen, welche bei jener nicht vorhanden sind.

Eben so sicher wie bei der Amerikanischen Art ist es, dass der hier zu beschreibende Schwamm frei und nicht festgewachsen war, denn nirgends zeigt sich die Spur einer Anheftungsstelle, sondern die untere Fläche wölbt sich gegen die Mitte hin ganz gleichmässig zu. Die Versteinerungsmasse ist auch hier wie bei dem Amerikanischen Fossil kalkig, während bei anderen Spongien dieselbe kieselig zu sein pflegt.

Vorkommen: Nur ein einziges Exemplar liegt vor. Dasselbe ist aber sehr vollständig und gut erhalten.

Erklärung der Abbildungen: Fig. 5a stellt das vorliegende Exemplar in natürlicher Grösse von oben gesehen dar. Fig. 5b dasselbe von der Seite. Fig. 5c ein Stück der Oberfläche vergrössert.

II. ANTHOZOA.

STREPTELASMA EUROPAEUM n. sp. Taf. IV. Fig. 1 a — f.

Streptelasma corniculum Eich. bei Friedr. Schmidt: Untersuchungen über die Silur. Form von Ehstland, Nord-Livland etc. S. 233, 14. 109, 115, 117, 118, 121, 184, 128, 184, 185, 137 (••• Holl.).

Ein einfacher, verlängert kreiselförmiger, mässig gekrümmter Korallenstock, welcher aussen mit zahlreichen (80 bis 90 bei mittelgrossen Exemplaren!) regelmässigen gleich starken feinen Längsreifen bedeckt ist, die in der Mittellinie der convex gekrümmten Seite und ausserdem jeder Seits in einer Längslinie unter spitzem Winkel zusammenlaufen. Bei sehr alten Exemplaren werden die Längsreifen undeutlich und gleichzeitig treten die Ringwülste mehr hervor. Den Längsreifen der Aussenseite entsprechen innen eben so zahlreiche Sternlamellen (Längsscheidewände) und zwar so, dass die Sternlamellen den trennenden Furchen zwischen je zwei benachbarten Längsreifen gegenüberstehen. Stärkere und mehr vorragende Sternlamellen wechseln mit schwächern und weniger vorragenden regelmässig ab. Die der mittleren Rückenlinie gegenüberstehende Sternlamelle zeichnet sich in dem trichterförmig vertieften Kelche durch grössere Stärke und Uebergang der übrigen aus. Ebenso bemerkt man auf jeder Seite noch eine etwas stärkere Sternlamelle, welche der mittleren Seitenlinie, der Aussenseite entspricht. Der Innenrand der Sternlamellen in dem Kelche und namentlich in dessen tieferem Theile, ist gekerbt, oder in langgezogene Zähne getheilt. Gegen die mittlere Achse hin vereinigen sich die Sternlamellen, rollen sich unvollkommen spiral ein und stellen so eine mehr oder minder ausgedehnte, ganz kraus verwirrte oder doch stark verschlungene flache mittlere Erhebung im Grunde des Kelches dar. Auf dem Längsschnitte des Korallenstock's erkennt man deutlich unvollkommene unter sich parallele Böden oder Querscheidewände, welche mit einzelnen nach oben gerichteten zahnartigen Spitzen besetzt sind.

Die äussere Erscheinungsweise dieser Koralle ist sehr verschiedenartig, so dass es der Vergleichung einer grossen Zahl von Exemplaren bedarf, um die Ueberzeugung von der Zusammengehörigkeit aller der verschiedenen Formen zu einer und derselben Species zu gewinnen. Am gewöhnlichsten ist eine kleine jugendliche Form (Fig 1 e.) von etwa 25 millim. Länge und und 18 millim. Breite mit stark gekrümmtem dünnem unterem Ende und raschem Anwachsen in die Breite. Bei dieser kleinen Form ist die Entwickelung der Längsreifen auf der Oberfläche verhältnissmässig am stärksten und deren Convergiren gegen eine mittlere dorsale und zwei seitliche Längslinien am deutlichsten. Als eine zweite Form lassen sich Exemplare von etwa 60 millim. Länge und 36 millim. Breite betrachten, wie Fig. 1c und 1d deren eines darstellen. Die allgemeine Gestalt ist hier im Vergleich mit der ersten Form schon viel verlängert kreiselförmig. Die Längsreifen sind ebenfalls noch sehr deutlich, aber neben denselben treten auch concentrische Ringwülste und Anwachsstreifen hervor. Die dritte Form ist der alte ausgewachsene Zustand des Polypenstock's, wie er in Fig. 1a dargestellt ist. Die Länge beträgt bis 120 millim. und die Breite des Kelches 60 millim. Die allgemeine Gestalt ist hier am meisten verlängert kreiselförmig, ja manche Exemplare werden zuletzt ganz cylindrisch. Die Längsreifen treten hier fast ganz zurück und nur in den Vertiefungen zwischen den breiten, flachen und glatten Ringwülsten sind sie noch schwach angedeutet. Nimmermehr würde man, ohne die Uebergänge, welche durch die Zwischenstufen gebildet werden, zu kennen, diese ausgewachsene Form mit den kleinen kaum Zoll-langen Exemplaren der ersten Form für specifisch identisch halten.

Die Gattungsbestimmung der Art betreffend, so ist dazu Folgendes zu bemerken:

J. Hall errichtete die Gattung *Streptoplasma* für gewisse in den untersten Gliedern der Silurischen Schichtenreihe des Staates New-York vorkommende Korallen mit folgender Diagnose:

„Genus **STREPTOPLASMA** (Fam. Cyathophyllidae)

(Greek, σερεπτος, twisted, and πλασμα, lamella).

Turbinate, gradually or abruptly expanding above; form like Cyathophyllum: terminal cup more or less deep; lamellae vertical or longitudinal, more or less spirally twisted together when meeting in the center.

There is some objection to the application of the term Strombodes of Schweigger to fossils of this character, or those formerly grouped with Cyathophyllae, as the genus was constituted for a different coral. To indicate the prominent character I have proposed this name as applicable to a considerable number of palaeozoic species."

J. Hall: Palaeontology of New-York Vol. I, p. 17. (1847)

Die erste Art, *Streptoplasma expansa*, welche Hall beschreibt, ist eine kleine Koralle des „*Chazy limestone*" von welcher man sich nach der schlechten Abbildung keine deutliche Vorstellung machen kann. Eine zweite Art *Streptoplasma profunda* gehört dem *Black river limestone* an. Dann werden noch vier Arten, nämlich *Str. corniculum*, *Str. crassa*, *Str. multilamellosa* und *Str. parvula* aus dem „*Trenton limestone*" beschrieben. In dem zweiten Bande der Palaeontology of New-York wird endlich unter der Benennung *Streptelasma*[1] *calicula* eine Art der „*Niagara Group*" beschrieben.

Milne Edwards und Haime[2]) nehmen die Gattung des Amerikanischen Autors an, stellen aber den Gattungs-Charakter in etwas anderer Weise fest. Während J. Hall das Hauptgewicht auf die mehr oder minder deutliche spirale Drehung der Sternlamellen gegen die centrale Achse hin legt, so sehen Edwards und Haime, indem sie bemerken, dass die Einrollung der Sternlamellen bei anderen Gattungen der Cyathophyllidae zum Theil viel entschiedener vorhanden sei, das wesentliche Merkmal der Gattung in der Längsreifung der Oberfläche und in dem völligen Fehlen einer Epitheca. Uebrigens vereinigen sie *Str. crassa*,

---

[1]) Der früher gebrauchte Name *Streptoplasma*, wird hier durch den etymologisch richtiger gebildeten *Streptelasma* (δασυς lamella) ersetzt.

[2]) Monographie des Polypiers fossiles des terrains palaeozoiques. Paris 1851 p. 335; Histoire naturelle des Coralliaires ou Polypes proprement dits. Paris 1857—1860. Tom. III. p. 393.

3

Str. undulamelloss und *Str. parvula* von Hall mit *Str. corniculum* zu einer und derselben Art. Friedr. Schmidt[1] in Dorpat bestimmt als *Streptelasma corniculum* Hall eine Koralle, welche nach ihm in einer gewissen, als Lyckholm-Schicht (2a) bezeichneten oberen Abtheilung der Unter-Silurischen Schichtenreihe in Ehstland sehr häufig und weit verbreitet vorkommt. Diese Ehstländische Koralle ist identisch mit der Art von Sadewitz. Das hat Fr. Schmidt bei der ersten Ansicht von Exemplaren von Sadewitz sogleich erkannt. Ich selbst habe später Exemplare von Wesenberg in Ehstland, welche ich der gütigen Mittheilung des Herrn Professor Grewingk in Dorpat verdanke, mit denjenigen von Sadewitz vergleichen können und habe mich von der vollständigen specifischen Identität überzeugt. Jedoch gehören die Ehstländischen Exemplare, welche mir zur Vergleichung vorlagen, sämmtlich der kleinen, kaum 1 Zoll langen Form an und ich weiss nicht ob die Art auch in Ehstland die grossen Dimensionen erreicht, wie in den Geschieben von Sadewitz.

Fraglich ist nur, ob die Art von Ehstland und Sadewitz wirklich *Streptelasma corniculum* des Amerikanischen Autors ist. Diese Frage ist zu verneinen. Die allgemeine Form ist zwar, und namentlich in der Jugend, sehr ähnlich, aber die Längsreifung der Oberfläche ist bei dem Amerikanischen feiner und weniger deutlich, als bei der Koralle von Sadewitz. Die Amerikanische Art scheint ferner nie bei weiterem Fortwachsen die bedeutenden Dimensionen und die cylindroidische Gestalt, welche bei älteren Exemplaren der hier zu beschreibenden Art von Sadewitz gefunden wird, anzunehmen. Wenigstens beschreibt J. Hall aus denselben Schichten überhaupt kein *Cyathophyllid* von annähernd gleichen Dimensionen. Im Uebrigen ist auch die specifische Uebereinstimmung des Sadewitzer Fossils mit der Amerikanischen Art wenig wahrscheinlich, da die geologische Lagerstätte beider eine verschiedene ist. Denn das Niveau, welchem die Fauna von Sadewitz angehört, ist, wenn auch in die untere Abtheilung der Silurischen Gruppe fallend, doch ein entschieden höheres, als dasjenige des „Trenton limestone", in welchem *Str. corniculum* vorkommt. Es ist daher für die Art von Sadewitz und Ehstland eine neue specifische Benennung nöthig geworden.

Edwards und Haime (Polyp. foss. des terr. palaeoz. p. 398. Pl. VII. fig. 4) bildete eine grosse etwa zwei Zoll lange, wenig gekrümmte Form der *Str. corniculum* ab, wie dergleichen namentlich von Madison im Staate Indiana häufig und in guter Erhaltung nach Europa gekommen sind. Manche Exemplare der Sadewitzer Art kommen dieser Form sehr nahe, allein immer scheint die Zahl der Reifen bei der Amerikanischen Art grösser und die Beschaffenheit derselben, wie sie Edwards und Haime l. c. Fig. 4b vergrössert darstellen, wird niemals bei der Europäischen Art gefunden. Die Reifen sind hier stets flach und glatt und breiter als ihre Zwischenräume.

Die generische Uebereinstimmung mit der Amerikanischen Art ist dagegen unzweifelhaft. Der Gattungscharakter von *Streptelasma*, wie ihn Hall und später Edwards und Haime aufgestellt haben, bedarf jedoch der Berichtigung. Es ist in demselben sowohl das Merkmal der im Centrum vereinigten und spiral eingedrehten Sternlamellen, auf welches Hall vorzugsweise Gewicht legt, wie auch das Vorhandensein von Längsreifen bei fehlender oder schwach entwickelter Epithoca, welches Edwards und Haime besonders betonen, aufzunehmen. Auch die Art, wie die Längsreifen der Oberfläche in einer dorsalen und zwei seitlichen

---

[1] Untersuchungen über die Silurische Formation von Ehstland, Nord-Livland etc. Dorpat 1858 S. 233.

mittleren Längslinien convergirend zusammenlaufen, ist zu berücksichtigen. Da diesen ausgezeichneten äusseren Längslinien auch eine gewisse Ungleichheit der inneren Sternlamellen entspricht, so wird dadurch eine gewisse Verwandtschaft der Gattung mit *Zaphrentis* angedeutet, während sie übrigens zunächst mit *Cyathophyllum* verbunden ist. Es zeigt sich darin ein gewisser Uebergang von den *Cyathophylliden* zu den *Zaphrentiden* von Edwards und Haime. Der berichtigte Gattungscharakter würde etwa so lauten müssen:

STREPTELASMA Hall.

Der Polypenstock einfach, kreiselförmig, mehr oder minder bogenförmig gekrümmt, auf der Oberfläche mit feinen regelmässigen Längsreifen, welche in einer dorsalen und zwei seitlichen Mittellinien unter spitzem Winkel convergirend zusammenlaufen, bedeckt. Im Innern des trichterförmig vertieften Kelches zahlreiche (80 bis 90), den Längsreifen der Aussenseite in der Zahl entsprechende Sternlamellen mit gekerbtem Innenrande, welche gegen die centrale Achse hin sich spiral umbiegen und zu einem krausen Gewirre vereinigen. Die den ausgezeichneten dorsalen und seitlichen Längsreifen der Aussenseite entsprechenden Sternlamellen etwas stärker und mehr vorragend. Böden oder Querscheidewände deutlich entwickelt, aber unregelmässig und unvollkommen parallel.

Arten: Alle Silurisch; die meisten Unter-Silurisch. Die typische Art *Streptelasma corniculum* Hall.

Vorkommen: Die häufigste Koralle und eines der häufigsten und bezeichnendsten Fossilien der Fauna überhaupt. Mehrere hundert Exemplare in guter Erhaltung liegen vor, so dass alle Uebergänge zwischen den auf den ersten Blick oft sehr verschiedenen Altersanständen sicher beobachtet werden konnten. Am häufigsten ist die kleine kaum 1 Zoll lange Jugendform mit stark gekrümmter dünner stielförmiger Basis. Fast jedes der grösseren plattenförmigen Kalksteinstücke enthält neben anderen Versteinerungen ein oder mehrere Exemplare derselben. Meistens sind die Exemplare aller Altersanstände mehr oder minder stark verkieselt. Dass die Art auch in Ehstland vorkommt, indem *Streptelasma corniculum* bei Fr. Schmidt identisch ist, wurde schon erwähnt. Sie ist in den Lyckholm-Schichten (2a) nach Fr. Schmidt eben so häufig und allgemein verbreitet, als bei Sadewitz. Ausserdem kenne ich die Art aus dem schwarzen Silurischen Kalke der Halbinsel Herö bei Porsgrund in Norwegen. Mehrere Exemplare der kleinen 1 Zoll grossen Form, welche ich selbst dort gesammelt habe, stimmen vollständig mit solchen von Sadewitz überein. Die Art gehört also zu denen, welche die oben hervorgehobenen Gleichalterigkeit der Schichten von Herö mit den Geschieben von Sadewitz begründen.

Erklärung der Abbildungen: Fig. 1a Ansicht eines grossen ausgewachsenen Exemplars in natürlicher Grösse von der Seite. 1b Ansicht eines weniger grossen ausgewachsenen Exemplars von der Seite. Die dem Beschauer zugekehrte Wand des Kelches ist fortgebrochen, um den Verlauf der Sternlamellen im Grunde des Kelches zu zeigen. Fig. 1c ein Exemplar mittlerer Grösse von der Seite gesehen. Fig. 1d dasselbe Exemplar gegen die convexe Seite der Krümmung gesehen. Fig. 1e Ansicht eines jungen Exemplars der gewöhnlichen Grösse von der Seite. Fig. 1f ein Stück des mittleren Längsschnittes eines ausgewachsenen Exemplars in natürlicher Grösse.

3*

STREPTOPHYLLUM ORGANUM. Taf. IV. Fig. 2a, 2b.

1767 *Madrepora organum* Linné Syst. nat. ed. 12 pag. 1276.
1820 *Sarcinula organum* Schweiger: Handbuch der Naturgesch. pag. 430.
1826 *Sarcinula organum* Goldfuss: Petref. Germ. I, pag. 73 tab. 24 fig. 10.
1837 — — Hisinger: Leth. Suec. pag. 97 tab. 28 fig. 3.
1850 *Syringophyllum organum* Edwards und Haime: Brit. foss. Corals Introd. pag. LXII.
1851 — — Edwards et Haime: Monogr. des Polyp. foss. des terr. palaeoz. pag. 430.
— — — Ferd. Römer in: Leth. geogn. ed. 3, Th. II, pag. 201, tab. V¹, fig. 12.
1854 — — Edwards et Haime: Brit. foss. Cor. from the Silur. Form. pag. 226 tab. LXXI fig. 3.
1858 — — Friedr. Schmidt: Unters. über die Silur. Form. in Esthl. pag. 234.
1859 — — Ferd. Römer: Bericht über eine geol. Reise nach Norwegen in: Zeitschr. der Deutsch. geol. Ges. Jahrg. 1859 pag. 566.
1860 — — Edwards: Histoire nat. des Coralliaires Tom. III, pag. 457.

Mit Recht haben Edwards und Haime diese Koralle zum Typus einer eigenen, von *Sarcinula*, mit welcher Schweiger, Goldfuss und Andere sie verbunden hatten, durchaus verschiedenen Gattung gemacht. Dagegen machen die genannten Französischen Autoren rücksichtlich der generischen und specifischen Merkmale verschiedene irrthümliche Angaben, welche einer Berichtigung bedürfen. Die einzelnen röhrenförmigen Individuen oder Zellen grenzen nicht, wie bei den *Cyathophylliden* mit dem Umfange unmittelbar an einander wie Edwards und Haime behaupten, sondern sie hängen lediglich durch horizontale plattenförmige Ausbreitungen, welche durch mehr oder minder breite leere Zwischenräume getrennt sind, unter einander zusammen. Wenn Edwards und Haime behaupten, an einem Exemplare von Dudley sich überzeugt zu haben, dass solche plattenförmigen Ausbreitungen mit dazwischen liegenden Hohlräumen nicht vorhanden seien, so glaube ich dem gestützt auf die Vergleichung einer grossen Zahl von Exemplaren widersprechen zu dürfen. Bei gewissen Exemplaren, und namentlich scheint dies bei alten der Fall zu sein, rücken die horizontalen Ausbreitungen sehr nahe an einander und so kann es den Anschein gewinnen, als seien leere Zwischenräume gar nicht vorhanden. Jede der horizontalen Ausbreitungen besteht aus zwei papierdünnen durch einen ganz geringen Abstand getrennten Lamellen. Der hohle Zwischenraum zwischen den beiden Lamellen wird durch senkrechte radiale Scheidewände, deren Zahl derjenigen der radialen Falten auf der Oberfläche der Ausbreitungen entspricht, in Fächer getheilt. Diese Fächer munden in die innere Höhlung der Röhrenzellen ein. Jede horizontale Ausbreitung einer einzelnen Röhrenzelle steht mit derjenigen der benachbarten Röhrenzellen auf gleicher Höhe und so bilden sie vereinigt horizontale durch den ganzen Korallenstock fortlaufende Schichten. Durch Zusammenstossen mit denjenigen der benachbarten Röhrenzellen begrenzen sich die Ausbreitungen der einzelnen Röhrenzellen im Umfange polygonal fünf- oder sechseckig. Hisinger hat das schon richtig angegeben und mit Unrecht leugnen Edwards und Haime eine solche polygonale Begrenzung. Nicht immer ist sie gleich deutlich, aber bei guter Erhaltung der Oberfläche ist sie stets wahrzunehmen. Die Grenzen der Polygone sind entweder nur feine Linien oder sie erheben sich zu aufgeworfenen Rändern. Die senkrechten Röhrenzellen selbst sind völlig cylindrisch. Die kreisrunden Kelche ragen mit ringförmigen glatten Rändern über die Oberfläche vor. Ihre Tiefe beträgt das Doppelte oder Dreifache ihres Durchmessers. So weit sieht man wenigstens die ausfüllende Gesteinsmasse in die Röhrenzellen hinabreichen. Die Innenfläche der Röhren zeigt 24 Sternlamellen, welche aber keine grosse Breite haben, sondern nur wie

Längsreifen erscheinen. Querscheidewände oder Böden sind deutlich entwickelt. Sie liegen nicht immer ganz wagerecht, sondern haben oft eine schiefe Richtung oder sind concav. Ihr Abstand von einander ist ziemlich ungleich und scheint im Durchschnitt etwas geringer als der Durchmesser der Röhrenzellen zu sein. Von einem Mittelsäulchen, welches Edwards und Haime beobachtet haben wollen, wurde eben so wenig wie von einer kreuzförmigen Anordnung der Sternlamellen etwas wahrgenommen.

Nach dem Vorhergehenden ist nicht nur die angebliche Verwandtschaft der Gattung mit *Phillipastrea* zurückzuweisen, sondern sie kann überhaupt in der Familie der *Cystiphyllide* ihren Platz nicht erhalten. Sie steht vielmehr so eigenthümlich da, dass sie vielleicht den Typus einer besonderen Familie wird bilden müssen. Unter den bekannten Gattungen zeigt nur *Syringopora* eine gewisse Uebereinstimmung. Auch bei ihr besteht der zusammengesetzte Korallenstock aus getrennten, senkrechten, cylindrischen Röhrenzellen, welche durch Querverbindungen mit einander communiciren. Nur wird bei *Syringopora* die Verbindung durch kleine transversale Verbindungsröhren, bei unserer Gattung durch scheibenförmige, horizontale Ausbreitungen bewirkt.

Obgleich noch keineswegs alle den inneren Bau betreffenden Verhältnisse vollständig aufgeklärt sind, so lässt sich doch schon jetzt der Gattungs-Charakter bestimmter als bisher in folgender Weise feststellen:

STRINGOPHYLLUM.

Der zusammengesetzte Korallenstock halbkugelige oder knollige, Astraeen-förmige Massen bildend. Die walzenrunden, langröhrenförmigen und durch seitliche Sprossung sich vermehrenden Einzelzellen durch Zwischenräume von der Grösse ihres Durchmessers, oder mehr von einander getrennt und durch horizontale, radial gefaltete Ausbreitungen, welche Halskrausen-förmig die Röhrenzellen umfassen, mit einander verbunden. Jede dieser Ausbreitungen aus zwei Lamellen bestehend, zwischen denen ein niedriger, durch feine senkrechte Wände getheilter Zwischenraum sich befindet. Die Ausbreitungen der verschiedenen Röhrenzellen stehen auf gleicher Höhe und bilden in ihrer Vereinigung horizontal durch den ganzen Korallenstock zusammenhängend sich forterstreckende Schichten. Ihre Begrenzung der einzelnen Ausbreitungen ist polygonal, fünf- oder sechseckig, durch Zusammenstossen mit den angrenzenden. Die Röhrenzellen sind im Inneren mit 24 wenig entwickelten reifenförmigen Sternlamellen und vollständigen horizontalen oder schief stehenden Böden oder Querscheidewänden versehen.

Die einzige Art[1]: *Syringoph. organum*. In Unter- und Ober-Silurischen Schichten.

Vorkommen: Die Art ist nächst *Streptelasma Europaeum* die häufigste und bezeichnendste Koralle unserer Fauna. Es liegt mir eine grosse Zahl von zum Theil mehr als Fuss-grossen Exemplaren vor. Gerade so gehört die Art auch in Ehstland zu den häufigsten und bezeichnendsten Fossilien der Lyckholm'schen Schicht (F a) von Friedr. Schmidt. Ein Exemplar von Lyckholm selbst, welches ich der gefälligen

---

[1] Die beiden anderen durch Edwards und Haime mit Fragezeichen der Gattung hinzugereihten Arten gehören nach der Beschreibung und Abbildung sicher nicht dazu, sondern sind *Cystiphyllide* aus der nahen Verwandtschaft von *Phillipastrea*.

Mittheilung von Professor Grewingk verdanke, stimmt durchaus mit Sadewitzer Exemplaren überein. Ebenso ist die Art eines der häufigsten Fossilien in dem schwarzen Kalke der Halbinsel Herö bei Poregrund im südlichen Norwegen. Sie gehört hier mit *Leduta antiquissima*, *Maclurea acritoides* und *Streptalasma Europaeum* zu denjenigen Arten, welche für jene schwarzen Kalke das gleiche geognostische Alter mit den Sadewitzer Geschieben und mit der Lyckholm'schen Schicht erweisen. Auch aus England, nämlich von Coniston wird die Art aus Unter-Silurischen Schichten angeführt. Aus Ober-Silurischen Schichten kennt man sie von Dudley und von der Insel Gotland. Aus Ober-Silurischen Schichten gleichen Alters rühren wohl auch die im Dünvium bei Groningen in Holland beobachteten Exemplare her, da die übrigen dort vorkommenden Silurischen Fossilien fast ausnahmslos solche der Insel Gotland sind. Die Art gehört also auch zu denjenigen Species unserer Fauna, welche der oberen und unteren Abtheilung der Silurischen Schichtenreihe gemeinsam sind, und welche die Annäherung des Niveaus unterer Fauna an die obere Abtheilung erweisen.

Erklärung der Abbildung: Fig. 2 a stellt ein Stück der Oberfläche eines Exemplars in natürlicher Grösse dar. Der Durchmesser der Kelche ist kleiner als gewöhnlich. Das Exemplar ist für die Darstellung wegen der Deutlichkeit der polygonalen Begrenzung der horizontalen Ausbreitungen gewählt worden. Fig. 2a ein Stück desselben Exemplars von der Seite.

PROPORA TUBULATA. Taf. IV. Fig. 3a, 3b.

1839	*Porites tubulata.* Lonsdale in: Murchison's Siller. Syst. pag. 687. tab. XVI. fig. 2.
1851	*Propora tubulata.* Edwards et Haime. Pol. foss. des terr. palaeoz. pag. 224.
1854	— — idem: Brit. foss. Corals. pag. 255. tab. 59. fig. 3.
1860	— — Edwards: Hist. nat. des Coralliaires III. pag. 341.

Ein halbkugeliger, kuchenförmiger oder seltener birnenförmiger Korallenstock, welcher auf der Oberfläche kreisrunde, gekerbte Zellenmündungen von 1''' Durchmesser zeigt, die deutlich begrenzt ringförmig vorstehen und weniger als ihr Durchmesser beträgt von einander entfernt sind. Die Zwischenräume zwischen den Zellenmündungen erscheinen rauh und zeigen bei genauerer Betrachtung eine unregelmässige Granulirung mit dazwischen liegenden Vertiefungen. Ein vertikaler Schnitt durch den Korallenstock zeigt die innere Struktur genau so, wie sie Edwards und Haime (Brit. foss. Cor. Tab. 59, Fig. 3b) abgebildet haben, nämlich die vertikalen Röhrenzellen durch wagerechte Böden der Querscheidewände getheilt und das Bindegewebe durch niedrige Blasen ohne alle senkrechten Lamellen gebildet.

Die Gattung *Propora* ist durch die genannten französischen Autoren für gewisse Korallen von dem allgemeinen Ansehen der *Heliditen* aufgestellt worden. Die Beschaffenheit des Bindegewebes zwischen den Röhrenzellen soll die Haupteigenthümlichkeit der Gattung sein. Dasselbe soll aus ziemlich unregelmässigen Zellen von ungleicher Grösse bestehen und die senkrechten, den Sternlamellen entsprechenden Rippen, sollen sich kaum oder gar nicht in denselben fortsetzen. Der Typus der Gattung soll *Propora tubulata* aus dem Ober-Silurischen Kalke von Dudley und von der Insel Gotland sein. Die Koralle von Sadewitz stimmt nun mit dieser nicht nur generisch, sondern auch specifisch überein. Die Abbildung von Edwards und Haime (l. c. tab. 59, fig. 3) passt vollständig darauf, und ebenso ergiebt sich eine genaue Uebereinstimmung von Sadewitzer Exemplaren mit solchen von Wisby auf der Insel Gotland. Die eigenthümliche Rauhigkeit der

Oberfläche, bewirkt durch die Kerbung der vorstehenden ringförmigen Kelchmündungen und die unregelmässige Granulation der Zwischenräume zwischen den Kelchen giebt der Koralle gleich auf den ersten Blick einen eigenthümlichen von demjenigen der *Helilites* verschiedenen Habitus. Von den vierseitigen oder polygonalen kleinen Oeffnungen zwischen den kreisrunden Kelchmündungen, welche der Oberfläche der *Helilites* ein so zierliches Ansehen geben, ist hier Nichts wahrzunehmen. Die rauhe Beschaffenheit der Oberfläche ist freilich nur bei guter Erhaltung wahrzunehmen. Bei der gewöhnlichen Erhaltung der Exemplare, in welchen die Oberfläche mehr oder minder abgerieben ist, sieht man nur kreisrunde Löcher, welche um weniger als die Länge ihres Durchmessers von einander abstehen, und dazwischen dichte Kalkmasse ohne erkennbare organische Struktur.

Die Grösse der Kelchmündungen scheint ebenso wie deren Abstand bedeutend zu variiren. Es liegen Exemplare mit $1\frac{1}{2}'''$ grossem Durchmesser der Kelche, und andererseits solche mit nur $\frac{1}{4}'''$ grossem Durchmesser vor, welche in gleicher Weise durch Uebergänge mit der Hauptform verbunden scheinen. Je grösser die Kelche, desto kleiner sind verhältnissmässig die Zwischenräume. Bei den Exemplaren mit sehr grossen Kelchöffnungen beträgt der Abstand oft nur $\frac{2}{5}$ oder $\frac{1}{4}$ des Durchmessers.

Edwards and Haime (Polyp. foss. des terr. palaeoz. pag. 225) führen unter der Benennung *Propora confera* eine zweite Art der Gattung an, welche durch die grosse Annäherung der Kelche und die geringe Entwickelung des Bindegewebes zwischen denselben ausgezeichnet sein soll, und deren Fundort Borckholm in Ehstland ist. Auch Fr. Schmidt führt sie von dort auf und erwähnt, dass eine verwandte Form, bei welcher zwischen den grossen Zellen nur hin und wieder einzelne Poren vorkämen, in der Lyckholm'schen Schicht (2 a) sich finde. Es ist mir nicht unwahrscheinlich, dass *Prop. confera*, wie auch die von Schmidt aufgeführte Nebenform nur grossmündige Varietäten von *Propora tubulata* sind.

Vorkommen: Die Art gehört zu den häufigsten Korallen der Fauna. Es liegen mehr als 30 Exemplare vor. Die grössten haben 9 Zoll bis 1 Fuss im Durchmesser. Diejenigen mit den grössten Kelchen sind kleine knollenförmige Exemplare. Edwards und Haime kennen die Art nur aus Ober-Silurischen Schichten, nämlich von Dudley, der Insel Gotland und aus Böhmen. Auch Friedr. Schmidt (l. c. pag. 228) führt sie nur aus jüngeren Silurischen Schichten Ehstland's als diejenigen, welche dem Niveau unserer Fauna entsprechen, auf. Dagegen wird aus der Lyckholm'schen Schicht (2 a) von vielen verschiedenen Fundorten *Heliolites megastoma* M'Coy durch Friedr. Schmidt (p. l. c. pag. 227) erwähnt. Diese Art ist durch die bedeutende Grösse der Kelchmündungen und durch die ähnliche Grösse des Abstandes derselben unserer Art ähnlich. Aber die Beschaffenheit des Bindegewebes unterscheidet sie bei guter Erhaltung sogleich. Dasselbe lässt deutlich die polygonalen kleinen Oeffnungen wahrnehmen, welche das Ansehen der *Heliolites* so zierlich macht. Das angeblich häufige Vorkommen von *Heliolites megastoma* in der Lyckholm'schen Schicht beruht wohl auf einer Verwechselung mit unserer Art. Wenigstens glaubte Friedr. Schmidt auch in Sadewitzer Exemplaren *Hel. megastoma* zu erkennen. Dass in jedem Falle *Propora tubulata* in Ehstland in der Lyckholm'schen Schicht vorkommt, kann ich durch ein Exemplar feststellen, welches ich der gefälligen Mittheilung des Herrn Grewingk in Dorpat verdanke. Dasselbe, von Kosch bei Neuenhof in Ehstland herrührend, stimmt genau mit Sadewitzer Exemplaren überein.

Propora tubulata gehört also auch zu denjenigen organischen Formen, welche obgleich vorherrschend Ober-Silurisch, doch in das Niveau unserer Fauna hinabsteigen.

Erklärung der Abbildungen: Fig. 3 a stellt ein kleineres Exemplar mit mittlerer Grösse der kreisrunden Zellenmündungen in natürlicher Grösse von der Seite gesehen dar. Fig. 3 b ein Stück der Oberfläche vergrössert.

HELIOLITES INTERSTINCTA. Taf. IV. Fig. 4a, 4b, 4c.

Madrepora interstincta, Linné.
Astrea porosa, Ihninger.
Porites pyriformis, Lonsdale.
Heliolites interstincta, Edwards et Haime.

Diese wohlbekannte, in den Ober-Silurischen Kalkbildungen England's und Skandinavien's weit verbreitete Koralle ist auch bei Sadewitz nicht selten. Mehrere wohlerhaltene Exemplare stimmen mit der typischen Form von Dudley und der Insel Gotland vollständig überein. Häufig zeigt sich die Art in einem durch Verwitterung und Abreibung bewirkten eigenthümlichen Erhaltungszustande, in welchem man sie leicht verkennen und selbst für einen ganz verschiedenen generischen Typus halten könnte. Die Versteinerungsmasse ist in diesem Falle nicht der gewöhnliche compacte graue Kalkstein, sondern ein lockerer, sandig zerreiblicher, weisser oder gelblicher Kalk. Der ganze Korallenstock erscheint aus undeutlichen concentrischen Lagen von nicht näher erkennbarer Struktur, ähnlich wie bei *Stromatopora* gebildet und wird von radialen, fadenförmigen, cylindrischen Körpern oder, wenn diese selbst zerstört sind, von Höhlungen gleicher Form durchzogen. Auf der abgeriebenen oberen Fläche der convexen oder knolligen Massen münden diese Röhren als zerstreute runde Oeffnungen aus. Diese fadenförmigen Cylinder sind nun nichts Anderes als die Ausfüllungen der Röhrenzellen und die *Stromatopora*-ähnliche Masse zwischen den Cylindern ist das Bindegewebe, in welchem das feinere Detail der Struktur durch die Verwitterung zerstört ist. In der That erkennt man zuweilen an den fadenförmigen Cylindern eine Andeutung von der sternförmigen Struktur der Strahlenlamellen. Goldfuss (Petref. Germ. I., pag. 113, Taf. XXXVIII, Fig. 16) hat ein aus dem Diluvium von Gröningen in Holland herrührendes Exemplar in solcher Erhaltung als *Syringopora filiformis* beschrieben. Ich habe schon früher[1]) auf Grund der Untersuchung von eben solchen Exemplaren desselben Fundorts jene irrthümliche Bestimmung von Goldfuss berichtigt. Die Exemplare von Sadewitz sind in jeder Beziehung mit denjenigen von Gröningen übereinstimmend. Auch aus dem Diluvium der Sandgruben bei Berlin und aus demjenigen der Gegend von Lyck in Ost-Preussen liegen mir Exemplare mit völlig gleichem Verhalten vor. Ich halte auch *Cannopora placenta Phillips (Constenpora placenta, Lonsdale)* aus dem devonischen Kalke von Devonshire für nichts Anderes, als eine *Heliolites*-Art in der gleichen Erhaltung. Jedoch kann ich mich hierüber nicht mit völliger Bestimmtheit aussprechen, da ich authentische Exemplare nicht habe vergleichen können.

Vorkommen: Die Art gehört nicht gerade zu den häufigeren Korallen-Species unserer Fauna. Es liegen nur drei Exemplare in unzersetztem Zustande mit deutlich erhaltener Oberfläche vor. Das grösste

---

[1]) Die Verst. der Silur. Diluvial-Geschiebe von Gröningen in Holland von F. Roemer in: Leonh. und Bronn's Jahrb. 1856. S. 263.

derselben bildet eine fünf Zoll lange und 5''' dicke plattenförmige Ausbreitung. Ausserdem sind 4 Exemplare in dem zersetzten Zustande mit sandig zerreiblicher Versteinerungsmasse, welches Fig. 4c darstellt vorhanden. Diese letzteren sind unregelmässig convex.

Friedr. Schmidt kennt *Heliolites interstincta*, welche er *Hel. porosa* nennt, in Ehstland nicht in dem Niveau unserer Fauna, sondern nur aus den jüngsten Ober-Silurischen Schichten der Insel Oesel. Uebrigens scheint das Niveau unserer Fauna keineswegs das tiefste zu sein, bis zu welchem *Hel. interstincta* hinabsteigt, denn nach Salter (in Murchison's Siluria ed. 3 pag. 533) geht sie sogar bis in die *Llandeilo Rocks* hinunter.

Erklärung der Abbildungen: Fig. 4 a stellt ein Stück der Oberfläche in natürlicher Grösse dar. Fig. 4 b einen Theil eben dieses Stückes vergrössert. Fig. 4 c giebt die Ansicht eines knollenförmigen Stückes in dem oben beschriebenen zersetzten Erhaltungszustande von der Seite gesehen in natürlicher Grösse. Die fadenförmigen Radien sind die Ausfüllungen der Röhrenzellen.

2. HELIOLITES PARVISTELLA n. sp. Taf. IV. Fig. 6a, 6b.

Die sehr geringe Grösse der Kelche, der Mangel jeder scharfen Begrenzung derselben und die vollkommene Entwicklung der Sternlamellen, welche bis zum Mittelpunkte reichen, zeichnen diese Art vorzugsweise aus. Sie bildet kopfgrosse bis fussgrosse halbkugelige konvexe Massen, deren Oberfläche mit dicht gedrängten stumpfen kleinen Höckern von etwa $\frac{1}{4}$''' Durchmesser bedeckt ist, aber eine weitere Struktur, wie sie für die Gattung bezeichnend ist, auf den ersten Blick nicht wahrnehmen lässt. Bei schärferer Untersuchung erkennt man, dass die ganze Oberfläche mit nadelstich-förmigen kleinen Oeffnungen (etwa wie bei *Calamopora fibrosa*, jedoch viel feiner!) durchbohrt ist. Man muss die Lupe zu Hülfe nehmen, um die sternförmigen kleinen Kelche oder Mündungen der Röhrenzellen zu erkennen. Sie haben nur $\frac{1}{6}$''' bis höchstens $\frac{1}{5}$''' im Durchmesser und sind kaum vertieft, sondern liegen fast ganz in der Ebene der Oberfläche des Korallenstockes. Eine scharfe ringförmige Begrenzung der Kelche nach aussen fehlt durchaus. Die 12 Sternlamellen sind vollkommener entwickelt, als bei irgend einer anderen Art der Gattung. Sie reichen bis zum Mittelpunkte und bilden so einen zierlichen kleinen Stern. Die Entfernung der sternförmigen Kelche von einander beträgt das 1½ bis Zweifache ihres Durchmessers. Die Oeffnungen des Bindegewebes zwischen den sternförmigen Kelchen sind polygonal, wie bei *Heliolites interstincta*, und so klein, dass 8 bis 10 auf die Länge des Abstandes zwischen zwei benachbarten Kelchen kommen. Beim Zerschlagen des Korallenstockes findet man das Innere desselben ganz gleichförmig aus dem feinkörnig krystallinischen weissen Kalk bestehend, welcher die gewöhnliche Versteinerungsmasse zusammengesetzter Korallenstöcke zu sein pflegt. Von unserer Struktur treten nur in grösseren Abständen einzelne concentrische Absonderungen, welche augenscheinlich den successiven Wachsthumslagen entsprechen, hervor. Das ganze Ansehen gleicht demjenigen, welches grosse convexe Massen von *Stromatopora striatella* oder *Str. polymorpha* beim Durchschlagen zeigen. Nur an einzelnen angewitterten Stellen älterer Bruchflächen wird die für *Heliolites* bezeichnende innere Struktur undeutlich erkennbar. Man sieht die horizontalen Böden der Röhrenzellen und die senkrechten Lamellen des Bindegewebes.

4

Vorkommen: Es liegen zwei grosse in der Mitte getheilte Exemplare vor. Das eine derselben ist fast regelmässig halbkegelig und am Umfange concentrisch wulstig. Es misst $5^1/_2$ Zoll im Durchmesser bei einer Höhe von 4 Zoll. Das andere ist unregelmässig länglich und misst 10 Zoll in der Länge. Aus Ehstland wird nichts Aehnliches erwähnt.

Erklärung der Abbildungen: Fig. 6a stellt ein keilförmiges Stück aus der Mitte des Korallenstocks in natürlicher Grösse dar. Die Länge desselben entspricht der Dicke des Korallenstocks und das obere Ende ist ein Theil der convexen Oberfläche des Korallenstocks. Fig. 6b ein Stück der Oberfläche des Korallenstocks vergrössert.

3. HELIOLITES DUBIA. Taf. IV. Fig. 5a, 5b.

Heliolites dubia Friedr. Schmidt: Unters. über die Silur. Form. in Ehstland etc. pag. 228.

Das ausgezeichnetste Merkmal dieser Art ist die Sparsamkeit des Bindegewebes zwischen den Röhrenzellen. Die durch dasselbe gebildeten Zwischenräume zwischen den Kelchen oder den Mündungen der Röhrenzellen haben gewöhnlich noch nicht die Breite von einem Drittel des Durchmessers der Kelche. In der That sind die Kelche so sehr genähert, wie überhaupt Kreise genähert sein können. Das Bindegewebe nimmt nur die trigonalen Zwischenräume zwischen den Kreisen der Kelche oder zieht sich als ein ganz schmaler Saum von Zellen sehr ungleicher Grösse zwischen zwei benachbarten Kelchen hin. Die Sternlamellen sind ziemlich schwach entwickelt, doch erkennt man sie bei genauerer Prüfung stets als 12 Kerben des Innenrandes der Kelche.

Auf den ersten Blick glaubt man eine kleinzellige *Calamopora*-Art vor sich zu haben. Bei näherer Prüfung erkennt man jedoch, dass die Kelche nicht polygonal, wie bei den *Calamoporen* sind, sondern kreisrund, und nimmt nun noch das sparsame Bindegewebe in den Winkeln zwischen den Kelchen wahr. Auf dem der Längsachse der Röhrenzellen parallel laufenden senkrechten Schnitte durch den Korallenstock ist das Ansehen denjenigen der *Calamoporen* ebenfalls sehr ähnlich. Die Röhrenzellen sind durch sehr vollkommene wagerechte Querscheidewände in fast regelmässigen, der Breite der Röhren nicht gleichkommenden Abständen getheilt und ausserdem sieht man die Sternlamellen als feine Längsreifen im Innern der Röhren. Von dem Bindegewebe wird kaum etwas wahrgenommen. Die allgemeine Form des Korallenstocks ist unregelmässig convex oder knollenförmig. Die gewöhnliche Grösse der Exemplare schwankt zwischen 1 bis 3 Zoll. Einzelne Exemplare werden aber bedeutend grösser. Das grösste der vorliegenden Exemplare misst 5 Zoll in der Länge und mehr als 4 Zoll in der Breite.

Neben der gewöhnlichen Form mit einer Grösse der Kelche von etwas weniger als $^1/_{10}'''$ im Durchmesser kommt auch eine Varietät mit kleineren Kelchen, von denen fast vier mit ihren Zwischenräumen auf die Länge einer Linie gehen, vor. Das Bindegewebe scheint bei dieser Form etwas reichlicher zu sein und es wäre möglich, dass sie eine selbstständige Art darstellte.

Friedr. Schmidt hat das Verdienst, *Heliolites dubia* zuerst unterschieden zu haben. Seine auf dieselbe bezügliche kurze Bemerkung lautet: „Zu *Heliolites* gehört wohl noch eine Koralle, die ihrer äusseren Form nach ganz der *Monticulipora* (*Chaetetes*) *Petropolitana* gleicht, aber nicht eckige, sondern runde Zellen zeigt, welche

Spuren von Sternlamellen wahrnehmen lassen. Zwischen den grösseren runden Zellen, die höchstens $^1/_4$ Linien im Durchmesser erreichen, liegen kleinere eckige Zellen, ganz wie bei den übrigen Heliolithen. Ausser den halbkugeligen kommen auch ästige Formen vor. Die Koralle findet sich fast immer mit *M. Petropolitana* zusammen, von (1 a) bis (1 b), am ausgeprägtesten in (2 b). Ich nenne sie vorläufig *Heliolites dubia.*

Schon diese Beschreibung liess mich in der Koralle von Sadewitz die Ehstländische Art erkennen. Völlige Sicherheit habe ich darüber durch die gefällige Mittheilung eines authentischen Exemplars von *Heliolites dubia* aus dem Kalke von Pachel in Ehstland durch Prof. Grewingk in Dorpat erhalten. Die Uebereinstimmung desselben mit den Exemplaren von Sadewitz ist vollständig.

Vorkommen: Die Art gehört zu den häufigsten Korallenarten der Fauna. Es liegen gegen 40 grössere und kleinere Exemplare vor. In Ehstland wurde die Art durch Friedr. Schmidt in der dem Niveau unserer Fauna entsprechenden Lyckholm'schen Schicht (2 a) beobachtet; am ausgeprägtesten soll sie sich aber in einem etwas höheren Niveau (2 b) finden. Ausserdem soll sie auch tiefer, nämlich (1 a) und (1 b) vorkommen. Aus anderen Gegenden kennt man die Art bisher nicht. Es wäre möglich, dass sie an manchen Stellen übersehen wäre, indem sie irrthümlich für eine *Calamopora*-Art gehalten wurde.

Erklärung der Abbildungen: Fig. 4 a stellt ein kleines korallenförmiges Exemplar in natürlicher Grösse von der Seite gesehen dar. Fig. 4 b ein Stück der Oberfläche vergrössert.

4. HELIOLITES INORDINATA.

Heliolites inordinata Edwards et Haime: Brit. Pol. foss. pag. 255. Tab. LVII, fig. 7. (?)
— — Friedr. Schmidt: Unters. über die Silur. Form. von Ehstl. etc. pag. 229.

Friedr. Schmidt bemerkt, dass diese Art, welche durch die eingesenkten Zellen und durch die fast bis in die Mitte reichenden Strahlen ausgezeichnet sei, nicht blos, wie die Französischen Autoren angeben, ästig verzweigte kleine cylindrische Stämme bilde, sondern in Ehstland auch in knolligen und halbkugeligen Massen vorkomme. Namentlich führt er sie von zahlreichen Punkten aus der Lyckholm'schen Schicht (2 a), ausserdem auch von ein Paar Lokalitäten aus dem tieferen Niveau der Borkholm'schen Schicht (3). Auch unter den Fossilien von Sadewitz befindet sich ein $3^1/_2$ Zoll langes unregelmässig gewölbtes Exemplar einer *Heliolites*-Art, auf welche die specifischen Merkmale der genannten Art passen. Die kleinen sternförmigen Kelche haben nur einen Durchmesser von $^1/_3$''' und sind durch Zwischenräume von der Grösse des Durchmessers von einander getrennt. Sie sind eingesenkt und ohne alle scharfe Begrenzung nach aussen und am wenigsten mit einem ringförmigen Rande umgeben. Der zwölfstrahlige Stern der Kelche ist auffallend deutlich, denn die Strahlen laufen bis zum Mittelpunkte, welcher sich zuweilen bis zu einem kleinen Knöpfchen erhebt. Das Bindegewebe zwischen den Kelchen zeigt nicht deutliche unmittelbar an einander stossende polygonale Oeffnungen, sondern nur zerstreute eingestochene Punkte.

Dass die Sadewitzer Art mit der von Friedr. Schmidt als *Hel. inordinata* aufgeführten Ehstländischen Art identisch ist, ist mir nach den von Fr. Schmidt angegebenen Merkmalen durchaus wahrscheinlich. Dagegen besitze ich nicht das nöthige Material für die Entscheidung, ob in der That die Ehstländische Art mit der Englischen Art der französischen Autoren identisch ist.

4*

CALAMOPORA ASPERA. Taf. IV. Fig. 7.

Calamopora alveolaris (pars), Goldfuss.
Favosites aspera, d'Orbigny Prodr. de Paléontol. I, pag. 49.
— — Edwards et Haime Polyp. foss. terr. Paléozo. pag. 236; Brit. foss. Corals pag. 257. tab. 60. fig. 3, 3a.

Nicht ohne Bedenken führe ich die hier zu beschreibende Art unter der vorstehenden Benennung der Französischen Autoren auf: denn sie hat zwar die Grösse der Zellen von etwas mehr als 1 Linie Durchmesser und die Stellung der Verbindungsporen in den Winkeln der Röhrenzellen, welche für *Favosites aspera* bezeichnend sein soll, aber die ungleiche Grösse der Röhrenzellen, welche für Edwards und Haime vorzugsweise Veranlassung geworden ist, die Art von Goldfuss' *Calamopora alveolaris* zu trennen, ist bei der Art von Sadewitz keineswegs ausgesprochen, sondern der Durchmesser der Röhrenzellen ist nahezu gleich.

Nun bemerkt Fr. Schmidt (l. c. pag. 228) bei *Calamopora aspera*, welche er in Ehstland nur aus Obersilurischen Schichten kennt, dass sich in der Lyckholm'schen Schicht (2a) eine Unter-Silurische Form der Art findet, welche bei gleicher Stellung der Verbindungsporen durch bedeutendere Grösse (über 1 Linie!) und grössere Regelmässigkeit der sechseckigen Zellen unterschieden sei. Das ist offenbar unsere Sadewitzer Form. Es fragt sich nur, ob sie nicht specifisch von *Calamopora aspera* verschieden ist, da für diese gerade die Ungleichheit der Zellen nach Edwards und Haime das unterscheidende Merkmal bilden soll. Namentlich wird auch festzustellen sein, ob und in welcher Art diese Form von der ächten *Calamopora alveolaris* verschieden ist.

Uebrigens kommen Exemplare mit noch bedeutend grösserem 1½—3 Linien betragendem Durchmesser der Röhrenzellen vor.

Vorkommen: Die Art gehört zu den häufigen Korallen der Fauna. Es liegen gegen 20 Exemplare derselben vor. Dieselben sind unregelmässig convex oder plattenförmig. Die grössten Exemplare haben bis 10 Zoll im Durchmesser. Dass dieselbe Form in Ehstland in der Lyckholm'schen Schicht vorkommt, wurde schon vorher erwähnt. Auch in dem schwarzen Kalke der Halbinsel Herö bei Poragrund ist sie ein häufiges Fossil. Vor mir liegende Exemplare von dort stimmen ganz mit der Sadewitzer Form überein.

Erklärung der Abbildungen: Fig. 7 stellt ein Stück der Oberfläche eines plattenförmigen Exemplars in natürlicher Grösse dar.

MONTICULIPORA PETROPOLITANA. Taf. IV. Fig. 8a, b, c.

1831 *Favosites Petropolitanus.* Pander: Beitr. zur Geogn. des Russ. Reichs. 105. Tab. I. Fig. 6, 7, 10, 11.
1832 *Calamopora Alveus (pars),* Goldfuss: Petref. germ. I, 215. Tab. 64. Fig. 9.
1845 *Chaetetes Petropolitanus.* Lonsdale in: M. V. K. Russia I, 596. Tab. A. Fig. 10.
1854 *Monticulipora petropolitana.* Edwards et Haime: Brit. Foss. Corals pag. 264.
1858 — — Friedr. Schmidt: Unters. über die Silur. Form. in Ehstland, pag. 230.
1860 — — Edwards: Hist. nat. des Coralliaires. III, 272.

Halbkugelige oder kugelige, 1 bis 2 Zoll grosse, auf der Unterseite mit einer concentrischen, runzeligen Epithesa bekleidete Massen, welche ganz mit der typischen Petersburger Form übereinstimmen. Zuweilen sind die Mündungen der Röhrenzellen auf der Oberfläche nicht polygonal und unmittelbar sich berührend, sondern rundlich und durch schmale Zwischenräume getrennt. Offenbar bezieht sich auf solche Formen die Bemerkung von Fr. Schmidt, dass die Art Uebergänge in *Helislites dubia* zu bilden scheine.

Die generische Begründung von *Monticulipora* scheint mir übrigens keineswegs gesichert. Das Vorhandensein von Erhöhungen auf der Oberfläche mit einzelnen grösseren Kelchen kann unmöglich zur Begründung der Gattung genügen. Auf dem vertikalen Durchschnitte erkennt man, dass die Röhrenzellen durch Böden in sehr ungleiche, oft in sehr kleine Zwischenräume getheilt sind. Es liegen 1 Zoll dicke, in Hornstein verwandelte kugelige Massen vor, welche auf den angeschliffenen Durchschnitten sich genau so wie die von mir[1]) aus Ober-Silurischen Schichten des Staates Tennessee verhalten. An den Röhrenzellen lassen sich deutlich die Ausfüllungen von Verbindungsporen erkennen. Jedoch steht die Zugehörigkeit dieser vollkommen kugeligen Stücke, bei welchen auch die Röhren ganz so wie bei den Exemplaren aus Tennessee von dem Centrum der Kugel ausstrahlen, zu unserer Art nicht ganz fest, da die Oberfläche nicht völlig deutlich erhalten ist. Wäre sie nachweisbar, so würde also bei der vermeintlichen Gattung *Monticulipora* das Hauptmerkmal der *Calamoporen* vorhanden sein.

Vorkommen: Nicht selten. Es liegen 10 Exemplare vor. Nach Fr. Schmidt soll die Art in den Schichten (1) bis (2a), also auch in dem Niveau unserer Fauna in Ehstland verbreitet sein.

Erklärung der Abbildungen: Fig. 8a stellt ein Exemplar in natürlicher Grösse von der Seite gesehen dar. Fig. 8b dasselbe im vertikalen Durchschnitt. Fig. 8c ein Stück der Oberfläche vergrössert.

1. HALYSITES CATENULARIA. Taf. IV. Fig. 9.

Tubipora catenularia, Linné 1748.
Catenipora labyrinthica, Goldfuss 1826.
Halysites catenularia, Edwards et Haime 1850.

Dieses wohlbekannte und weit verbreitete Fossil gehört zu den häufigsten Korallen-Arten der Fauna. Es liegen gegen 40 Exemplare vor. Mehrere derselben sind Fuss-gross und bei einem 1½ Fuss langen kann man dieselben Röhrenzellen durch die ganze Länge des Stockes verfolgen. Friedr. Schmidt (a. a. O. pag. 230) unterscheidet in der Gattung *Halysites* eine grössere Anzahl von Arten und glaubt namentlich Unter-Silurische Arten von Ober-Silurischen unterscheiden zu können. *Catenipora labyrinthica* Fischer (Oryctogr. de Moscou, tab. 38. fig. 1, 2) soll nach ihm in Ehstland vorzugsweise in der Lyckholm'schen Schicht (2a) verbreitet sein. Ausserdem sollen aber auch noch zwei andere Arten in demselben Niveau in Ehstland vorkommen. In jedem Falle, ohne die Richtigkeit der grösseren Arten-Trennung innerhalb der Gattung bestimmt bestreiten zu wollen, sehe ich doch in dem mir vorliegenden Materiale keine genügende Veranlassung für eine solche und sehe die Sadewitzer Art für die gewöhnliche *H. catenularia* an. Auch in dem schwarzen Kalke der Halbinsel Herö bei Porsgrund in Norwegen, welcher in dasselbe Niveau mit unseren Geschieben gehört, ist dieselbe Art häufig. Vielleicht ist dieses auch das tiefste Niveau, bis zu welchem die Art überhaupt hinabreicht. Bis zum Vaginaten-Kalke geht sie wohl in keinem Falle hinab.

Erklärung der Abbildung: Fig. 9 stellt ein Stück der Oberfläche in natürlicher Grösse dar.

[1]) Die Silur. Fauna des Staates Tennessee. S. 90. Tab. II. Fig. 2. 2a, 2b.

2. BALTISCHER ESCHAROIDES. Taf. IV. Fig. 10.

Ostracipora escharoides, Lamarck 1816
Halysites escharoides, Fischer 1837.

Diese ebenfalls wohlbekannte Art der Gattung ist zwar minder häufig, als *H. catenularia*, aber es liegen doch 10 Exemplare vor, von denen das grösste 5 Zoll lang ist. Ausser der geringeren Grösse der Kelche und des ganzen Korallenstockes ist kaum ein Unterschied von *H. catenularia* wahrzunehmen, und dieser Unterschied wird durch Zwischenformen noch verwischt. In Ehstland soll nach Fr. Schmidt (a. a. O. pag. 231) *H. escharoides* nur in Ober-Silurischen Schichten vorkommen. In der Lyckholm'schen Schicht (2 a) dagegen soll sie durch eine nahe stehende Art „mit breiteren Zwischenräumen zwischen den Zellen" vertreten sein. In dem schwarzen Kalko der Hallimel Herö bei Porsgrund habe ich Exemplare gesammelt, welche ganz mit der Sadewitzer Form übereinstimmen und in der Grösse der Zellenmündungen ebenso wie diese variren.

Erklärung der Abbildung: Fig. 10 stellt ein Exemplar mit besonders kleinem Durchmesser der Röhrenzellen von oben gesehen in natürlicher Grösse dar.

III. GRAPTOLITHINA.

RETIOLITES GRACILIS n. sp. Taf. V. Fig. 1.

Obgleich die, die Gattung *Retiolites* auszeichnende netzförmige Skulptur der Oberfläche nicht deutlich wahrzunehmen ist, so ist die Gattungsbestimmung doch unbedenklich, da die allgemeine Gestalt und die übrigen Merkmale mit denjenigen der typischen Art des Geschlechts, des *Retiolites Geinitzianus*, übereinstimmen. Der Körper hat die Gestalt einer linearischen Lamelle von etwa 1 Zoll Länge und kaum 1′′′ Breite, mit flachen ebenen Seitenflächen und treppenförmig winkelig gekerbten Seitenrändern. Bei der gewöhnlichen Erhaltung der Exemplare sind jedoch die Seitenränder gar nicht scharf erhalten, sondern man sieht lediglich die die Grenzen der einzelnen Zellen bezeichnenden Linien von schwarzer Schal-Substanz, welche zweireihig und alternirend spitzwinkelig gegen einander gerichtet sind, ohne sich in der Mittellinie zu vereinigen, sondern hier einen Zwischenraum frei lassend, in welchem keine Spur einer festen Achse bemerkt wird. Nur wo der Körper selbst verschwunden, erkennt man in dem Abdrucke die gekerbten Seitenränder. Auf den Flächen des Abdrucks pflegen dann auch Theile der schwarzen hornartigen *Graptolithen*-Substanz sich erhalten zu haben.

Von den beiden bekannten Arten der Gattung, dem *Retiolites Geinitzianus* und dem *R. venosus* Hall ist unsere Art durch die schmalere linearische Gestalt und noch bestimmter durch die Richtung der die einzelnen Zellen bezeichnenden dunkelen Linien unterschieden. Während bei dem *R. Geinitzianus* und dem *R. venosus* diese Linien mit stumpfem Winkel von beiden Seiten gegen einander convergiren, so bilden dieselben bei unserer Art einen spitzen Winkel von kaum mehr als 45°.

Vorkommen: Es liegt eine Anzahl von 10 bis 12 Exemplaren vor. Dieselben sind in zwei Kalksteinstücken enthalten. Das eine Kalksteinstück, welches die grössere Zahl von Exemplaren enthält, schliesst zugleich ein Kopfschild von *Chasmops conicophthalmus* ein. Dadurch wird jedes Bedenken in Betreff des geognostischen Niveau's beseitigt, den die sehr kompakte und splittrige von derjenigen des gewöhnlichen Sadowitzer Kalksteins etwas abweichende Beschaffenheit der beiden Kalksteinstücke etwa erregen könnte. Diese Art ist der einzige bekannte *Graptolit* unserer Fauna. Zugleich ist das Vorkommen in einem kompakten durchaus nicht schiefrigen Kalkstein etwas für *Graptoliten* Ungewöhnliches.

Aus den entsprechenden Silurischen Schichten Russlands wird keine ähnliche Art aufgeführt.

Die beiden bisher bekannten Arten der Gattung sind Ober-Silurisch. Durch die hier beschriebene Art wird die vertikale Verbreitung der Gattung bis in ein viel tieferes Niveau erwiesen.

Erklärung der Abbildung: Fig. 1 stellt das grösste der vorliegenden Exemplare in natürlicher Grösse dar.

DICTYONEMA FLABELLIFORME. Taf. V. Fig. 4.

1840 *Isagrinia plantae monocotyledoneae?* Hisinger: Leth. Suec. Supplem. II, pag. 8, tab. XXXVIII, fig. 9.
1842 *Gorgonia flabelliformis* Eichwald: Urwelt Russl. Heft II, pag. 63, t. 3, fig. 6.
1854 *Phyllograpta* sp. Angelin: Palaeontol. Scand. Pars I, pag. IV.
1857 *Fenestella socialis* Salter bei Kjerulf. Geologie des südlichen Norwegens. pag. 72.
1858 *Dictyonema flabelliformis* Friedr. Schmidt: Ueber die Silur. Form. in Ehstland, Nord-Livland und Oesel. Dorpat. pag. 46, 231, 244
1859 *Graptopora socialis* Salter in: Murchison's Siluria ed. 3, pag. 47, fig 5
— *Dictyonema socialis* Salter ibidem pag. 368.
1860 *Dictyonema Hisingeri* Göppert: Ueber die Flora der Silur-, der Devon- und der unteren Kohlen-Form. in Acta Leop. Vol XXVII.
pag. 31 ff. tab. XXXVI, fig. 1r, 4—11, tab. XLV, fig. 3, 4.
— *Dictyonema flabelliforme.* Ferd. Roemer: Bericht über eine geol. Reise nach Norwegen im Sommer 1859 pag. 555—569 in: Zeitschr. der Deutsch. geol. Ges. Jahrg. 1859.

Dieses wichtige und weit verbreitete Fossil hat in Betreff seiner systematischen Stellung sehr verschiedene Deutungen erfahren. Hisinger glaubte in demselben eine monokotyledonische Pflanze zu sehen. Eichwald rechnet es zu der Gattung *Gorgonia*, also zu den eigentlichen Polypen oder Korallen. Hall (Palaeontol. of New-York Vol. II, pag. 174, 1852) und Angelin sehen in dem Körper eine neue Gattung der Familie der *Graptolithen*. Nach Salter gehört der Körper zu den *Bryozoen* und bildet eine Gattung neben *Fenestella*. Göppert endlich stellt ihn zu den *Algen*. Ich selbst habe mich bisher der Ansicht von Salter angeschlossen und in dem Körper eine *Bryozoen*-Gattung aus der Verwandtschaft von *Fenestella* gesehen. Beobachtungen, welche ich an Exemplaren von Sadewitz gemacht habe, haben mich veranlasst mit Hall und Angelin für eine Stellung in die Familie der *Graptolithen* entschieden. Während nämlich in den übrigen Fundorten in Russland und Schweden die Art ausschliesslich in schiefrigen Gesteinen vorkommt, und in diesen wie die meisten in Schiefer erhaltenen fossilen Körper ganz dünn und flach zusammengedrückt ist, so sind die Exemplare der Sadewitzer Geschiebe in den gewöhnlichen dichten Kalkstein eingewachsen und haben ihre ursprüngliche Form behalten. Man erkennt, dass die einzelnen Aeste der netzförmigen Ausbreitungen fast cylindrisch sind. Man nimmt ferner wahr, dass die glänzende schwarz-braune Horn-Substanz die Aeste nicht in ihrer ganzen Dicke zusammensetzt, sondern nur eine dünne Rinde oder Bekleidung derselben bildet. Wo nämlich die hornige Rinde zerstört ist, da sieht man in den so gebildeten Furchen kleine Kalkcylinder liegen. Diese Cylinder sind die Ausfüllungen oder Steinkerne der inneren Höhlung der Aeste. Die kleinen Kalkcylinder sind übrigens in lauter kurze Abschnitte getheilt. Wo nämlich eine der anderen Seite der Ausbreitung zugewendete Zellenöffnung sich befindet, ist eine Unterbrechung. Ebenso erscheint da, wo man die Aeste im Querschnitte zu sehen Gelegenheit hat, die Hornsubstanz nur wie ein dünner schwarz-brauner Ring um einen kreisförmigen Kern von heller Kalkstein-Masse. Dieser Umstand, dass die Aeste der Verzweigungen hohl sind, passt nicht zu einer *Bryozoen*-Gattung, wie *Fenestella*, wohl aber, wie auch die hornige Beschaffenheit der Rindensubstanz zu *Graptolithen*. J. Hall, welcher schon früher die Verwandschaft der Gattung mit den *Graptolithen* vermuthete, hat später J. Hall (*Descriptions of Canadian Graptolites* in: *Geol. Survey of Canada. Report of Progress for the year 1857. Toronto 1858*, pag. 142) eine weitere Beobachtung gemacht, welche jene Stellung bestätigt. Auf der gewöhnlich unsichtbaren, weil fester in dem Gestein haftenden Innen-Seite der Ausbreitungen sollen die Aeste nämlich sägeförmig gekerbt wie bei den typischen *Graptolithen* sein und einzelne Aeste ohne die Querverbindungen sollen sogar den *Graptolithen* auffallend gleichen. Die Uebereinstimmung mit der *Bryozoen*-Gattung *Fenestella* betreffend, so bemerkt Hall, dass in ähnlicher Weise verschiedene andere neu entdeckte Gattungen der *Graptolithinen* die allgemeine äussere Gestalt bestimmter *Bryozoen*-Gattungen wiederholen, ohne dass eine wirkliche Verwandschaft besteht.

Die Verbreitung der Art in Scandinavien und Russland ist eine sehr ausgedehnte. In Russland gehört sie zu den bezeichnendsten Fossilien des bituminösen Thonschiefers oder Alaunschiefers über dem Unguliten-Sandsteine an der Ehstländischen Küste und wird namentlich von Baltischport und der Insel Odinsholm angeführt. In Schweden war die Art zuerst durch Hisinger aus dem Alaunschiefer von Berg in Ost-Gothland beschrieben worden. Angelin führt sie allgemein als ein bezeichnendes Fossil seiner *Regio Olenorum* d. i. der Alaunschiefer auf. In Norwegen ist sie an vielen Stellen in den Umgebungen von Christiania in den Alaunschiefern nachgewiesen worden. Bei dem Hofe Vakkerö, ½ Meile westlich von Christiania, sind die Schiefer mit Ausschluss anderer Organismen ganz damit erfüllt. Tollef Dahll hat die Art ganz im Innern des südlichen Norwegens, nämlich auf dem öden Hochlande an der Grenze von Thelemarken und Bergenstift entdeckt. In England endlich wurde sie durch Salter in der oberen Abtheilung der „*Lingula Flags*" in Nord-Wales aufgefunden. Sie soll hier einem höheren Niveau, als demjenigen, in welches die Hauptentwicklung der Gattungen *Olenus*, *Paradoxides* und *Agnostus* fällt, angehören.

Das geognostische Niveau der Geschiebe von Sadewitz ist nun aber ein sehr viel höheres als dasjenige, in welchem die Art an allen vorher genannten Lokalitäten vorkommt, denn zwischen dem Alaunschiefer und diesem Niveau liegt namentlich die ganze Masse des *Orthoceras*-Kalkes. Dennoch liegt kein Grund vor, die Sadewitzer Form von der gewöhnlichen Schwedischen und Russischen specifisch zu trennen. Uebrigens gehören die beiden von Hall beschriebenen Arten der Gattung *Dictyonema retiformis* und *D. gracilis* einer noch viel höheren Abtheilung der Silurischen Schichtenreihe, nämlich der *Niagara*-Gruppe, welche dem Englischen *Wenlock*-Kalksteine gleich steht, an.

Vorkommen: Es liegen 4 Exemplare vor. Alle sind in dem gewöhnlichen dichten Kalkstein eingewachsen, gegen dessen graue Farbe die schwarz-braune hornartige Versteinerungsmasse der die Verzweigungen bekleidenden dünnen Rinde sich auffallend abhebt. Alle Stücke sind übrigens nur Fragmente der ganzen wedelförmigen oder vielleicht flach trichterförmigen netzförmigen Ausbreitung, deren Durchmesser nach den Bruchstücken wenigstens 6 Zoll betragen haben muss.

Erklärung der Abbildung: Fig. 4 stellt ein Stück der netzförmigen Ausbreitung in natürlicher Grösse dar.

IV. CRINOIDEA.

Nur Stielenstücke, welche verschiedene Formen des sogenannten *Cyathocrinus rugosus* Hisinger's darstellen, kommen vor. Noch häufiger, als in dem gewöhnlichen Kalksteine, sind sie in Stücken eines fast weissen krystallinischen Kalksteins, von welchem es nicht sicher ist, ob er genau in das Niveau unserer Fauna gehört.

V. BRYOZOA.

HELOPORA SCALPELLIFORMIS. Taf. V. Fig. 2 a, b, c.

1842 *Eschara scalpelliformis*, Eichwald: Urwelt Russl. pag. 60. tab. I, fig. 1.

Ein kleiner linearischer zusammengedrückter Bryozoen-Stock, der auf der Oberfläche mit länglich runden, in Längsreihen angeordneten Zellenöffnungen bedeckt ist. Je zwei benachbarte Längsreihen von Zellenöffnungen werden durch eine Längsleiste getrennt. Nur Bruchstücke des ganzen Bryozoen-Stocks wurden beobachtet. Gewöhnlich sind es drei bis vier Linien lange und kaum ½ Linien breite Stücke. Meistens nimmt man sechs Längsreihen von Zellen auf jeder der breiten Seitenflächen wahr.

Eichwald hat die Art unter der Benennung *Eschara scalpelliformis* beschrieben. Seine Beschreibung und die freilich nur rohe Abbildung passt gut zu unserer Form. Authentische Exemplare Eichwald's selbst liegen freilich zur directen Vergleichung nicht vor. Wenn Eichwald angiebt, dass 7 bis 8 Zellenreihen neben einander liegen, so zeigen die Sadewitzer Exemplare deren nur 6 auf jeder Seite. Verzweigte Stämmchen, deren Eichwald erwähnt, wurden nicht beobachtet. Bei guter Erhaltung stehen die Zwischenräume zwischen den Zellenreihen als Längsleisten vor. Das erwähnt Eichwald nichts, vielleicht weil ihm nur abgeriebene

Exemplare vorlagen. Zu der in tertiären Schichten und lebend verbreiteten Gattung *Eschara* kann übrigens unsere Art, von anderen Unterschieden abgesehen, schon wegen der ganz abweichenden Form der Zellenmündungen nicht gehören. Nur die Zusammensetzung des Stockes aus zwei mit der Rückseite sich berührenden Zellenlagen hat sie mit *Eschara* gemein.

James Hall (Palaeontol. of New-York II, 44, tab. XVIII, fig. 3) hat die Gattung *Holopora* für kleine *Bryozoen*-Stämmchen der Ober-Silurischen Clinton-Gruppe im Staate New-York errichtet und ich vermuthe, dass die hier zu beschreibende Art derselben Gattung angehört, obgleich J. Hall's Abbildungen leider zu undeutlich sind, um darüber zur Gewissheit zu gelangen. Wenigstens sollen nach der Gattungsdefinition die Zellenreihen wie bei unserer Art durch erhabene Längslinien getrennt sein. Freilich erwähnt andererseits J. Hall Nichts von der zusammengedrückten Form des Stocks, sondern diese soll walzenrund sein.

Zu erwähnen bleibt nur noch, dass die Richtung der Achse der Zellen gegen die die beiden Zellenlagen trennende Ebene bei unserer Art sehr schief geneigt ist. Das erinnert an *Phliodictya*, und in der That scheint auch eine nähere Beziehung zu dieser Gattung zu bestehen. Die Spaltung des Polypenstocks in zwei Hälften nach der Ebene, in welcher die beiden Zellenlagen zusammenstossen, welche bei der Erhaltung von *Polidictya lanceolata* die Regel bildet, scheint jedoch hier nicht vorzukommen.

Vorkommen: Die Art ist die häufigste *Bryozoen*-Species unserer Fauna. Fast auf jedem grösseren plattenförmigen Gesteinsstücke liegen mehrere Exemplare zwischen den *Brachiopoden* und *Trilobiten*.

Fr. Schmidt führt die Art nicht aus Ehstland auf. Nach Eichwald kommt sie auf der Insel Dagö und auf dem Wege zwischen Hapsal und Reval vor. Das passt zu dem Vorkommen in den Sadewitzer Geschieben, denn in den genannten Theilen von Ehstland sind Schichten der Abtheilung (2a), d. i. das Niveau unserer Fauna verbreitet.

Erklärung der Abbildungen: Fig. 2a stellt ein Exemplar in natürlicher Grösse von der Seite gesehen dar. Fig. 2b einen Theil desselben Exemplars vergrössert. Fig. 2c den Querschnitt.

PTILODICTYA PINNATA n. sp. Taf. V. Fig. 3a, b.

Ein sehr zierlicher *Bryozoen*-Stock, welcher flach und genau in derselben Ebene ausgebreitet aus einer linearischen mittleren Achse oder Spindel und zweiseitig an diese angefügten und mit einander alternirend stehenden Fiederlappen besteht. Die mittlere Achse wird durch sechs parallele Längsreihen länglich ovaler Zellen gebildet. Die in weissen Kalk verwandelten Wände dieser Zellen treten gegen die grau kalkige Ausfüllungsmasse der Zellen deutlich hervor. Die Grösse und Gestalt der Zellen ist in den sechs Längsreihen ungefähr dieselbe. Nur die Zellen der beiden äusseren Reihen scheinen etwas grösser und unregelmässiger, als diejenigen der übrigen Reihen zu sein. Die seitlichen Fiederlappen, welche schief gegen die mittlere Spindel der Achse gerichtet und zugleich etwas gebogen sind, bestehen aus ähnlichen, jedoch kleineren und weniger regelmässig in 7 oder 8 Längsreihen angeordneten Zellen. Der trennende Zwischenraum zwischen je zwei Fiederlappen kommt nur etwa der Hälfte der Breite eines Fiederlappens gleich.

5*

Versucht man das vorliegende Fossil generisch zu bestimmen, so tritt sogleich die wesentliche Uebereinstimmung des Baues mit demjenigen des bekannten Fossils des Wenlock-Kalks, der *Ptilodictya lanceolata*
hervor. Dieselbe flache Ausbreitung in derselben Ebene und eine wesentlich gleiche Zusammensetzung aus
mehreren Längsreihen von Zellen. Bekanntlich stellt *Ptilodictya lanceolata* eine linearische oder riemenförmige dünne Lamelle dar, welche, wie bei der recenten Gattung *Eschara* aus zwei mit ihrer Rückseite an
einander liegenden Zellenschichten besteht. Längs der Ebene, in welcher sich die beiden Zellenschichten
berühren, ist die Lamelle leicht in der Mitte theilbar, indem ein dünnes, glattes Häutchen zwischen den
beiden Zellenschichten liegt, und die bei weitem gewöhnlichste Erhaltung der Art ist die, dass man nur die
eine Hälfte der riemenförmigen Lamelle, und zwar die Rückseite der Zellenschicht vor sich hat. Denn bei
dem Zerschlagen des Gesteines spaltet der lamellenförmige Stock leichter nach der Mittelebene, als dass
sich eine der zellentragenden Aussenflächen aus dem Gesteine löst, da diese in den durch die Zellen gebildeten Vertiefungen fest haftet. Gerade so hat man in dem vorliegenden *Bryozoen*-Stocke von Sadowitz
auch nur die Hälfte des lamellenförmig zusammengedrückten Stockes und zwar die Rückseite von einer der
beiden Zellenschichten vor sich. In der That ist auch nur die soderlappige Gestalt der Sadewitzer Art
specifisch unterscheidend und selbst dieser Unterschied erweist sich bei näherer Vergleichung nicht sehr
bedeutend, denn gerade so, wie die die Fiederlappen bildenden Zellen schief gegen die aus grösseren Zellen
bestehende mittlere Längsachse gerichtet sind, gerade so fügen sich auch bei *Ptilodictya lanceolata* schiefe
Reihen von Zellen den parallelen Längsreihen des mittleren Theiles an, und nur der Umstand, dass hier die
schiefen Zellenreihen ununterbrochen Seitentheile des lamellenförmigen Stockes bilden, während sie bei der
Sadewitzer Art Fiederlappen darstellen, bleibt unterscheidend.

Dass übrigens nicht alle Arten der Gattung die einfache, ungetheilte riemenförmige Gestalt der typischen
Ptilodictya lanceolata haben, war längst bekannt. Portlock (p. 339. tab. 21. fig. 3) hat schon vor Jahren
eine dichotomisch sieb theilende Art aus Silurischen Schichten von Tyrone in England beschrieben und
später M'Coy (Brit. Palaeoz. foss. 8. 46, 47; Pl. IC. f. 14 und 16) aus Silurischen Schichten Englands
mehrere Arten mit ebenfalls lappig verzweigtem Stock kennen gelehrt.

Vorkommen: Nur ein einziges Exemplar liegt vor. Dasselbe misst in der gegenwärtigen Erhaltung
35 Millim., ist aber an beiden Enden unvollständig und ist in vollständigem Zustande wohl wenigstens
doppelt so lang gewesen. Wie schon bemerkt, ist die Erhaltung eine solche, dass die Rückseite von einer
der beiden gleichen Zellenlagen, aus denen der Stock besteht, sichtbar, dagegen die Aussenfläche der Zel-
lenlage mit den Zellenmündungen abgewendet und von der Gesteinsmasse umhüllt ist.

Erklärung der Abbildungen: Fig. 3a stellt das einzige vorliegende Stück in natürlicher Grösse dar.
Fig. 3b ein Stück mit zwei Fiederlappen jeder Seite vergrössert.

Ausser den vorstehend beschriebenen *Bryozoen* wurden in den Sadewitzer Geschieben verschiedene
andere Arten beobachtet, aber die Erhaltung der vorliegenden Exemplare ist nicht von der Art, um eine
sichere generische und specifische Bestimmung zuzulassen.

VI. BRACHIOPODA.

1. **ORTHIS SADEWITZENSIS** n. s. p. Taf. V. Fig. 7 a, b, c.

Diese entschieden mehr in die Breite als in die Länge ausgedehnte Art hat einen subrectangulären Umriss und zwar so, dass der gerade Schlossrand der grössten Breite der Schale gleichkommt. Die Wölbung der Schale ist in der Jugend in beiden Klappen etwa gleich. Im ausgewachsenen Zustande aber ist die Wölbung der nicht durchbohrten Klappen entschieden stärker. Die durchbohrte Klappe ist mit einer deutlich entwickelten Area versehen, deren Höhe in der Mitte etwa einem Sechstel ihrer Breite gleichkommt. Mit einer niedrigeren Area ist auch die nicht durchbohrte Klappe versehen. Die Oberfläche der Schale ist mit starken und hohen, aber nicht eigentlich dachförmigen, sondern auf der Firste gerundeten, und in ihrem ganzen Verlaufe einfachen und ungetheilten ausstrahlenden Falten oder Rippen bedeckt. Die Zahl der Falten beträgt auf jeder Klappe etwa 25. Die Zwischenräume zwischen den Falten kommen etwa der Breite der Falten gleich oder sind um ein weniges breiter. Der Stirnrand der Schale ist bei jugendlichen und mittelgrossen Exemplaren gerade, bei ausgewachsenen und stärker gewölbten Exemplaren dagegen, wie unsere Abbildungen eines dergleichen darstellen, zeigt er eine merkliche Inflexion oder Einbiegung, indem bei solchen die durchbohrte Klappe gegen die Stirn hin zu einem flachen Sinus sich einsenkt.

Friedr. Schmidt (a. a. O. pag. 214) führt diese Art als *Orthis Sadewitzensis* Ssn. aus der Lyckholm'schen Schicht (2 a) von vielen Orten in Ehstland auf. Wenigstens hat er selbst Exemplare von Sadewitz bei seiner hiesigen Anwesenheit so bestimmt. Nun ist aber *Orthis Sadewitzensis* Ssn. sowohl nach der ursprünglichen Abbildung und Beschreibung im Siluria-System, als auch nach der neueren Abbildung von Salter (Murchison's Siluria etc. 3. 1859 pag. 202) eine entschieden mehr kreisrunde, weniger in die Quere ausgedehnte und auch sonst verschiedene Art, wie die hier in Rede stehende. Dagegen steht unsere Art der von J. Hall Palaeontol. of New-York I, pag. 129, tab. XXXII, fig. 9. als *Orthis plicatella* aus Unter-Silurischen Schichten (*Trenton limestone*) des Staates New-York und der Umgegend von Cincinnati beschriebenen Species entschieden sehr nahe. Derselbe Umriss und ungefähr dieselbe Wölbung der beiden Klappen. Auch eine ungefähr gleiche Zahl und gleicher Charakter der ausstrahlenden Falten. Nur der Umstand, dass bei der Amerikanischen Art die ausstrahlenden Falten, wenn auch in den ersten zwei Drittheilen ihrer Länge einfach, sich doch im letzten Drittheile gegen den Umfang hin durch Theilung und Einsetzen neuer vermehren, während sie bei der Sadewitzer Art bis zum Rande hin einfach und ungetheilt bleiben, ist unterscheidend. Vor mir liegende, von mir selbst bei Cincinnati gesammelte Exemplare, lassen ebenso die allgemeine Uebereinstim-

zeug, wie auch den letzteren Unterschied bestimmt erkennen. Die allgemeine äussere Form der beiden Arten ist besonders bei jugendlichen Exemplaren übereinstimmend. Alte ausgewachsene Exemplare der Sadewitzer Art sind dagegen durch viel stärkere Wölbung der nicht durchbohrten Klappe von solchen der *Orthis plicatella* ziemlich auffallend unterschieden.

Vorkommen: Die Art gehört zu den häufigeren *Brachiopoden*-Arten der Fauna. Es liegen gegen 80 Exemplare vor. Einige davon sind durchaus vollständig und völlig frei aus dem Gesteine gelöst.

Wenn *Orthis fabellulum* bei Friedr. Schmidt mit unserer Art identisch ist, so ist sie also auch in Esthland in der dem Niveau unserer Fauna entsprechenden Niveau häufig und weit verbreitet. Fr. Schmidt führt die Art von zahlreichen Fundorten aus der Lyckholmschen Schicht ($?a$) auf.

Erklärung der Abbildungen: Fig. 7 a stellt das besterhaltene, wenn auch nicht grösste der vorliegenden Exemplare gegen die durchbohrte Klappe gesehen in natürlicher Grösse dar. Fig. 7b dasselbe gegen die nicht durchbohrte concave Klappe gesehen. Fig. 7 c den den senkrechten mittleren Durchschnitt.

2. ORTHIS SOLARIS. Taf. V. Fig. 5a, b, c.

Orthis solaris L. v. Buch in: Jahresber. der Schles. Gesellsch. für vaterl. Kultur für 1849, pag. 315.

In der Aufzählung der Petrefacten von Sadewitz führt Oswald diese Art zuerst auf, indem er bemerkt, dass sie von L. von Buch, dem er Exemplare mitgetheilt hatte, als neu erkannt sei. Zugleich giebt er mit Anführungszeichen die folgende, durch L. von Buch ihm brieflich gegebene Diagnose der Art:

„Gestalt halbkreisförmig; der Schlossrand etwas weniger breit als die Mitte. Ventral-Schale sehr bombirt, ohne Einsenkung. Dorsalschale in der Mitte sehr flach eingesenkt gegen den Rand, so dass der flache Sinus mehr als ein Drittheil der Breite beträgt. Die Ventral-Area ist besonders hoch und wohl mehr als die Hälfte der Dorsal-Area breit, wodurch sie vorzüglich ihre Natur als *Orthis* verräth. Die Dichotomie geschieht durch Einsenkung und ziemlich gleichmässig; 55 starke Rippen stehen am Rande bei einem halben Zoll Breite."

Verschiedene durch Oswald selbst so bezeichnete Exemplare lassen keinen Zweifel, dass die vorstehende Beschreibung und Benennung L. v. Buch's sich in der That auf die gegenwärtig hier in Rede stehende Art beziehe. Die sehr flache Wölbung der durchbohrten Klappe, welche nur gegen die Stirne hin sich mit einer breiten und flachen Depression einsenkt und dadurch eine flach bogige Inflexion des Stirnrandes hervorbringt, ferner die viel stärkere und fast gleichmässige Wölbung der anderen Klappe, und endlich die Vermehrung der zahlreichen ausstrahlenden Falten oder Rippen durch Theilung oder Einsetzen neuer geben der Art vorzugsweise ihren specifischen Habitus. Bei grösseren ausgewachsenen Exemplaren von 1 Zoll 4''' Breite beträgt die Zahl der ausstrahlenden Rippen am Umfange gegen 60. Die Rippen sind nicht dachförmig, sondern gerundet und halbcylindrisch. Wo sie nicht abgerieben, zeigen sie an den Seiten eine feine Krenulirung. In Betreff der Vermehrung der Falten gegen den Umfang hin, verhalten sich die beiden Klappen der Schale bestimmt verschieden. Auf der durchbohrten oder weniger gewölbten Klappe vermehren sich die Rippen gegen den Umfang hin durch Gabelung, auf der nicht durchbohrten und gewölbteren Klappe durch Einsetzen neuer zwischen zwei benachbarte. Dieser Unterschied ist so durchgreifend, dass auf der durchbohrten Klappe nicht eine einzige der vom Schnabel ausstrahlenden Rippen einfach und ungetheilt bis zum Umfang verläuft, sondern alle ohne Ausnahme entweder schon im ersten Drittheile ihrer Länge, oder doch sicher im zweiten Drittheile dichotomisch oder sehr selten trichotomisch sich gabeln, und anderer Seits auf der undurchbohrten und gewölbten Klappe nicht eine einzige Rippe sich theilt, sondern alle im Wirbel entspringende Falten einfach bis zum Umfang verlaufen. Das Einsetzen der neuen Rippen findet auch hier theils schon im ersten, theils erst im zweiten Drittheile Statt. Es ist mir nicht erinnerlich, aber wahrscheinlich, dass auch bei anderen Orthis-Arten ein so bestimmt entgegengesetztes Verhalten der beiden Klappen der Schale in Betreff der Vermehrung der ausstrahlenden Rippen Statt findet.

Auch in Ehstland findet sich die Art in der dem Niveau unserer Fauna entsprechenden Lyckholm'schen Schicht (2 a). Ich habe durch Growingk in Dorpat ein freilich irrthümlich als Orthis *fabellulum* bezeichnetes Exemplar von Koil in Ehstland erhalten, welches in jeder Beziehung mit den Sadewitzern Exemplaren übereinstimmt. Unter welcher Benennung Friedr. Schmidt, dem sie doch nicht entgangen sein kann, die Art aufführt, darüber habe ich zu einer sicheren Entscheidung nicht gelangen können. Sollte er auch diese Art unter Orthis *fabellulum* Sow. begriffen haben? Fast führt darauf die Bestimmung des durch Growingk erhaltenen Exemplars. In Wirklichkeit ist Orthis *fabellulum* Sow. eine sehr verschiedene schon durch die von M'Coy und Salter gleichmässig bestätigte Einfachheit der ausstrahlenden Falten bestimmt abweichende Art.

Unter den bekannten Arten besitzt Orthis *sinuata* Hall aus Unter-Silurischen Schichten (*Trenton limestone*) Nord-Amerika's, welche besonders in guter Erhaltung bei Cincinnati gefunden wird, eine nahe Verwandtschaft mit unserer Art. Eine ähnliche Wölbung der beiden Klappen, eine ähnliche Inflexion des Stirnrandes der durchbohrten Klappe, eine ähnliche Sculptur der Oberfläche sind die vorzugsweise übereinstimmenden Merkmale. Freilich besteht die Aehnlichkeit vorzugsweise nur mit den jugendlichen Formen der Orthis *sinuata*. Denn im ausgewachsenen Zustande ist die Amerikanische Art viel stärker aufgebläht, hat einen viel tiefer eingesenkten Sinus und einen viel dickeren und stärker vorragenden Wirbel der nicht durchbohrten Klappe, als unsere Art.

Vorkommen: Die Art gehört zu den häufigsten Brachiopoden-Arten unserer Fauna. Es liegen gegen 40 Exemplare vor und verschiedene andere Exemplare sind in anderen Sammlungen verbreitet, denen sie durch Oswald's Mittheilung zukamen. Mehrere der vorliegenden Exemplare sind völlig frei aus dem Gesteine gelöst und durchaus vollständig.

Einige Exemplare sind in einem bröckeligen mit Crinoiden-Stielstücken erfüllten Kalkstein eingeschlossen, welcher einem von denjenigen des gewöhnlichen Sadewitzer Kalkes etwas verschiedenen geognostischen Niveau anzugehören scheint.

Dass die Art auch in Ehstland in der Lyckholm'schen Schicht (2a), d. i. in dem Niveau unserer Fauna und zwar ausschliesslich in diesem, zu den häufigsten und am weitesten verbreiteten Brachiopoden-Arten nach den Beobachtungen von Friedr. Schmidt gehört, wurde schon oben erwähnt. Orthis *solaris* ist also eine von den für unsere Fauna vorzugsweise bezeichnenden Brachiopoden-Formen, welche weder aus dem Orthoceren-Kalke bekannt, noch in einem jüngern Niveau nachgewiesen ist.

Erklärung der Abbildungen: Fig. 5a stellt eines der grössten und vollständigsten Exemplare von oben gegen die durchbohrte Klappe gesehen in natürlicher Grösse dar. Fig. 5b dasselbe von vorn gegen die Area gesehen. Fig. 5c dasselbe Exemplar im Profil von der Seite. Die rechts liegende ist die durchbohrte Klappe.

3. ORTHIS OSWALDI. Taf. V. Fig. 6a, b, c.

Orthis Oswaldi. L. v. Buch in: Jahresber. der Schles. Gesellsch. für vaterl. Kultur für 1839 pag. 219.
Orthis Actoniae. Sow. bei Friedr. Schmidt: Unters. über die Silur. Formation in Ehstland pag. 216.

Die Schale convex-concav, fast kreisrund im Umrisse, aber durch den geraden Schlossrand vorn abgestutzt. Der Schlossrand an den Enden spitzeckig vorstehend und dann die grösste Breite der übrigen Schale überragend oder mehr stumpfeckig und dann der grössten Breite in der Mitte der Schale nicht ganz gleichkommend. Die durchbohrte grössere Klappe stark gewölbt; die nicht durchbohrte kleinere Klappe concav, jedoch nicht in dem Grade vertieft, dass nicht noch ein bedeutender Zwischenraum zwischen beiden Klappen für die Weichtheile des Thieres übrig bliebe. Jede der beiden Klappen mit einer schmalen linearischen Area von etwa gleicher Breite versehen. Ueber die Area der gewölbten Klappe der stumpfe Schnabel der grösseren Klappe etwas übergebogen. Die Oberfläche beider Klappen ist mit dachförmig scharfen ausstrahlenden Rippen bedeckt. Man zählt deren 20 bis 24 am Umfange jeder Klappe. Niemals vermehren sich diese Rippen durch Theilung oder Gabelung, sondern jede derselben bleibt einfach von ihrem Ursprunge bis zum Ende am Umfange der Schale. Nicht alle Falten entspringen jedoch schon am Schnabel, sondern einige setzen sich erst in einer mehr oder minder grossen Entfernung vom Schnabel zwischen zwei andere ein; diese so sich einsetzenden Falten bleiben gewöhnlich bis zum Umfange hin etwas schwächer und niedriger als die am Schnabel entspringenden. Die Zahl der so durch Einsetzen hinzukommenden Rippen ist bei verschiedenen Exemplaren verschieden. Einigen Exemplaren fehlen sie fast ganz. Bei anderen Exemplaren sind sie so zahlreich, dass fast zwischen jede zwei am Schnabel entspringende sich eine neue einsetzt. Einige wenige (3 bis 5) Anwachsstreifen kreuzen mehr oder minder erkennbar die ausstrahlenden Rippen. Exemplare der gewöhnlichen Grösse messen $7\frac{1}{2}$ Linien in der Breite, bei 7 Linien in der Länge. Das grösste der vorliegenden Exemplare hat 1 Zoll Breite bei 11 Linien Länge.

Die in dem Vorstehenden beschriebene Art ist durch L. v. Buch, dem sie durch Oswald zur Bestimmung übersandt war, wie Orthis solaris als neu erkannt und dann von ihm dem Entdecker zu Ehren benannt worden. Oswald selbst hat dann in dem Jahresberichte der Schles. Ges. für vaterl. Kultur 1839 p. 219 eine Beschreibung derselben gegeben. Nicht blos durch diese Beschreibung, sondern durch die mehreren Exemplaren von Oswald selbst beigefügten Etiquetten ist völlige Sicherheit dafür gewährt, dass in der That L. v. Buch und Oswald die hier in Rede stehende Art unter der Benennung Orthis Oswaldi verstanden haben.

Friedr. Schmidt führt die Art als weit verbreitet in der Lyckholm'schen Schicht (2a) in Ehstland unter der Benennung Orthis Actoniae Sow. auf. In der That ist rücksichtlich des Umrisses und der Wölbung der Schale die genannte Englische Art der unserigen sehr ähnlich, wie sich aus dem von Salter (in

Murchison's Siluria ed. 3 pag. 209) gegebenen Holzschnitte noch bestimmter, als aus der unvollkommenen Abbildung eines Steinkernes in Murchison's Silurian System. tab. 20, fig. 16 ergiebt. Aber anderer Seits sind auch sehr bestimmte Unterschiede vorhanden. Vorzugsweise begründet die für *Orthis Actiniae* bezeichnende Bi- oder Trifurkation der ausstrahlenden Falten gegen den Umfang hin eine bestimmte specifische Verschiedenheit von der hier in Rede stehenden Sadewitzer Art. Schon in der von Sowerby gegebenen ersten Abbildung ist diese erste im letzten Viertel der Länge der ausstrahlenden Falten plötzlich hervortretende Gabelung sehr deutlich. Eben so bestimmt drückt sich M'Coy (Brit. Palaeoz. foss. pag. 213) bei der Beschreibung der *Orthis Actiniae* in Betreff dieses Punktes aus. Bei unserer Art findet dagegen eine solche plötzliche Gabelung der ausstrahlenden Rippen gegen den Umfang hin durchaus nicht Statt. Die Rippen gabeln sich überhaupt nicht, sondern vermehren sich nur durch Einsetzen neuer zwischen zwei benachbarte.

Dass das, was Friedr. Schmidt in Ehstland *Orthis Actiniae* nennt, wirklich die hier in Rede stehende Art ist, dafür habe ich seine eigene Bestimmung von Sadewitzer Exemplaren mit dieser Benennung.

Vorkommen: Es liegen gegen 20 zum Theil ganz vollständige und frei aus dem Gesteine gelöste Exemplare vor. Ausserdem sind durch Oswald einzelne Exemplare in andere Sammlungen gelangt. Die vorliegenden Exemplare weichen nur in Betreff der Zahl und Stärke der Rippen und in der Grösse etwas von einander ab. In Ehstland ist die Art nach Friedr. Schmidt in der Lyckholm'schen Schicht (2a) überall verbreitet. Ausserdem führt er sie auch von einer Lokalität aus der höheren Schichtenfolge (3) an. Aus anderen Gegenden, namentlich aus Skandinavien, ist mir die Art nicht bekannt.

Erklärung der Abbildungen: Fig. 6a stellt ein Exemplar mittlerer Grösse gegen die grössere durchbohrte Klappe gesehen in natürlicher Grösse dar. Fig. 6b dasselbe gegen die convexe nicht durchbohrte Klappe gesehen. Fig. 6c den mittleren Längsschnitt durch die vereinigten Klappen.

LEPTAENA SERICEA. Taf. V. Fig. 6a, b, c.

1839 *Leptaena sericea.* Sowerby in: Murchison's Siluria Syst. pag. 636, tab. XIX, fig. 1, 2.
1845 — — M. V. K. Russ. II, pag. 227, tab. XV, fig. 1.
1855 — — M'Coy: Brit. Palaeoz. foss. pag. 237.
1858 — — Friedr. Schmidt: Unters. über die Silur. Form. in Ehstl. z. a. w. pag. 213.
1859 — — Salter in: Murchison's Siluria ed. 3, pag. 210, fig. 6.

Die Exemplare von Sadewitz passen vollständig zu Sowerby's deutlicher und guter Original-Abbildung (fig. 1). Nur die Grösse der Exemplare ist zum Theil noch bedeutender und dann die Ausdehnung in die Quere verhältnissmässig geringer. Die grössten Exemplare erreichen bis 1 Zoll in der Breite und 8 Linien in der Länge. Gewöhnlich springen die Enden des geraden Schlossrandes kaum eckig vor. Nur bei jugendlichen Exemplaren spitzen die Enden des Schlossrandes sich mehr zu und der ganze Umriss der Schale wird dann subtriangulär. Die Oberfläche der Schale zeigt bei sehr vollkommener Erhaltung nur einzelne durch weite Zwischenräume getrennte haarförmige radiale erhabene Linien und zwischen denselben ist nur sehr undeutlich eine radial fibröse Struktur der Schale erkennbar. Sobald aber eine oberste, wenn auch nur sehr dünne Schalschicht entfernt ist, so werden zwischen den einzelnen stärkeren ausstrahlenden erhabenen Linien dicht gedrängte viel feinere Radial-Linien deutlich erkennbar. So wie die Zwischenräume

6

zwischen den ausstrahlenden stärkeren Linien nicht gleich gross sind, so ist auch die Zahl der feineren Linien zwischen je zwei derselben nicht gleich, sondern schwankt zwischen 5 bis 10. Auf der concaven Aussenfläche der kleineren Klappe sind auch bei vollständiger Erhaltung der Oberfläche die feinen Längslinien zwischen den stärkeren ausstrahlenden Linien deutlich erkennbar. Die Zahl der letzteren beträgt 13 bis 16. Nur gegen den Umfang hin wird die feine radiale Skulptur der Schale durch einige wenige schuppig übereinander greifende Anwachsringe gekreuzt. Jede der beiden Klappen ist mit einer schmalen Area versehen. Diejenige der grösseren Klappe ist niedrig gleichschenkelig dreieckig und in der Mitte von einer ziemlich grossen fast gleichseitig dreieckigen Oeffnung durchbohrt. Diese Oeffnung wird jedoch zum grössten Theile durch den dreitheiligen Wirbelfortsatz der kleineren Klappe ausgefüllt. Die oft sichtbare Innenfläche der kleineren Klappe zeigt zunächst am Wirbel ein kleines in der Mitte vertieftes durch Leisten gebildetes Trapez, welches den in die Oeffnung der anderen Klappe eingreifenden Wirbelfortsatz stützt. Von dem unteren Rande dieses Leistentrapezes entspringen zwei starke, schwach divergirende Längsleisten, welche bis gegen den Stirnrand sich erstrecken. Etwa in der Mitte ihrer Länge schiebt sich zwischen diese beiden divergirenden Leisten eine einzelne mittlere Längsleiste ein. Ausserhalb der beiden divergirenden Leisten sind meistens auch noch zwei andere ähnliche vorhanden. Die Deutlichkeit und Stärke der verschiedenen Leisten ist übrigens bei verschiedenen Exemplaren sehr verschieden. Die Muskeleindrücke sind nur sehr selten einigermassen deutlich begrenzt neben den Leisten erkennbar.

Die Art ist am nächsten mit *Leptaena transversalis* verwandt. Der Umriss der Schale ist bei beiden oft ganz übereinstimmend. Nach M'Coy soll jedoch *Leptaena sericea* durch grössere Stärke der ausstrahlenden Linien, durch die bedeutendere Feinheit und grössere Zahl der punktirten Oeffnungen zwischen den Linien und endlich durch die verhältnissmässig grössere Breite der Muskeleindrücke bestimmt unterscheidbar sein. Mir fehlt ein genügendes Material, um die Begründung dieser Unterscheidungsmerkmale zu prüfen. Der Umstand, dass die Englischen und Französischen Autoren, denen beide Arten genügend bekannt sein müssen, dieselben allgemein als getrennte Species auffassen, lässt kaum an der wirklichen specifischen Verschiedenheit zweifeln.

Vorkommen: Die häufigste Brachiopoden-Art der ganzen Fauna. Es liegen mehrere hundert Exemplare vor. Fast jedes grössere Geschiebestück schliesst ein oder mehrere Exemplare derselben ein. Am gewöhnlichsten liegen die Schalen so auf der Oberfläche der Gesteinsstücke, dass die convexe äussere Seite der grösseren Klappe sichtbar ist. Sehr häufig ist auch die concave Innenfläche der kleineren Klappe mit den vom Wirbel ausgehenden Leisten sichtbar. Die concave Innenfläche der grösseren Klappe und die concave Aussenfläche der kleineren Klappe ist stets mit dem Gestein verwachsen und kann nur künstlich bloss gelegt werden. Nach Friedr. Schmidt reicht in Ehstland die vertikale Verbreitung der Art von der Schichtenfolge (1 a) d. i. dem Brandschiefer bis (3) d. i. die Borkholm'sche Schicht. In der Schichtenfolge (3) soll sie selten sein, dagegen vorzugsweise häufig im Brandschiefer und bei Wesenberg. Auch in England ist nach Salter (Murchison's Siluria ed. 3 pag. 543) die verticale Verbindung der Art eine grössere durch mehrere Stockwerke, nämlich aus den Llandeilo rocks bis in den Wenlock-Kalk, reichende. Das Vorkommen in dem letzteren wird jedoch als fraglich bezeichnet und beruht auch gewiss auf einer Verwechselung mit *Leptaena transversalis*.

Erklärung der Abbildungen: Fig. 8a stellt ein Exemplar von mehr als gewöhnlicher Grösse gegen die gewölbte Klappe gesehen dar. Fig. 8b ein ebenfalls besonders grosses Exemplar der kleineren Klappe gegen die innere Fläche gesehen. Die von dem Wirbel ausgehenden Leisten treten oft noch viel schärfer hervor, als in der Zeichnung angegeben ist. Fig. 8c den vertikalen Schnitt durch die Mitte der vereinigten Klappen.

STROPHOMENA SEMIPARTITA n. sp. Taf. V. Fig. 9a, b, c.

Die stark zusammengedrückte, im Umfange fast halbkreisförmige Schale besteht aus einer hochgewölbten grösseren Klappe („Ventral-Klappe" Davidson's) und einer concaven, in ihrer Biegung der grösseren Klappe parallelen kleinen Klappe („Dorsal-Klappe" Davidson's). Der Schlossrand der grösseren Klappe ist nicht ganz gerade, sondern an dem sehr kleinen kaum vorragenden Schnabel in sehr stumpfem Winkel gebrochen und zugleich leicht bogenförmig gekrümmt. Von dem Schlossrande ab erstreckt sich die grössere Klappe anfänglich eben fort, dann aber biegt sie sich plötzlich unter einem stumpfen Winkel knieförmig um und erstreckt sich in der neuen Richtung noch eben so weit nach abwärts, als in der ersten horizontalen. Die kleinere Klappe ist tief concav und schliesst sich in ihrer Krümmung ganz derjenigen der grösseren Klappe an, so dass nur ein schmaler Zwischenraum zwischen beiden Klappen für die Weichtheile des Thieres übrig bleibt. Die Skulptur der Oberfläche besteht in dicht gedrängten, sehr feinen ausstrahlenden Linien. Einzelne stärkere Linien erheben sich merklich über die übrigen. Dieselben stehen in ziemlich regelmässigen Zwischenräumen und zwar so, dass je zwei benachbarte derselben fünf oder sechs der feineren zwischen sich haben. Auf dem ebenen Schalentheile werden diese ausstrahlenden Linien durch concentrische, etwas wellig hin und her gebogene und hin und wieder unterbrochene Runzeln oder Falten gekreuzt, wodurch namentlich in der Nähe des kleinen, kaum vorragenden Schnabels der grösseren Klappe eine fein gegitterte Skulptur der Oberfläche entsteht. Der abwärts gebogene Theil der Schale ist dagegen fast glatt, denn es fehlen demselben nicht nur die concentrischen Runzeln, sondern auch die ausstrahlenden Linien werden auf demselben undeutlich. Dagegen unterbrechen einige ganz flache und breit gerundete Längsfalten oder Undulationen die gleichförmige Wölbung. Zuweilen werden auch auf diesem abwärts gebogenen Schalentheile einige sehr lappig zerrissene und unregelmässige, schuppig anliegende Anwachsringe sichtbar, welche eine sehr grosse Unregelmässigkeit des Stirnrandes in den früheren Wachsthumsabsätzen beweisen.

Manche Exemplare zeigen nur den ebenen, flach ausgebreiteten Theil der Schale. Sie pflegen sehr dünnschalig zu sein und man könnte sie leicht für einer verschiedenen Art angehörig halten, aber die Skulptur der Oberfläche ist dieselbe und offenbar stellen solche Exemplare nur den Jugendzustand der Art dar.

Die Art gehört in die Gruppe der *Strophomena depressa*, für welche M'Coy die Gattung *Leptagonia* errichtet hat. Das mehr stumpfwinkelige und gerundete knieförmige Umbiegen der grösseren Klappe und die viel grössere Breite des abwärts gebogenen Schalentheiles unterscheiden die Art vorzugsweise von *Strophom. depressa*. Demnächst ist auch die Ungleichheit der ausstrahlenden Linien und die grössere Unbestimmtheit der concentrischen Runzeln auf dem flachen Schalentheile abweichend.

Ob die Art in den entsprechenden Schichten Ehstland's vorkommt ist mir nicht klar geworden. Fr. Schmidt (a. a. O. pag. 216) führt als *Strophomena pseudoalternata* eine Art aus entsprechenden Schichten in Ehstland auf, welche möglicher Weise mit der hier in Rede stehenden identisch sein könnte. Nur der Umstand, dass er sie als der *Strophomena alternata* Hall sehr nahe stehend bezeichnet, passt nicht. Denn diese auf den Hügeln bei Cincinnati so häufige amerikanische Art ist durchaus verschieden. Die Schale ist bei ihr nicht deutlich knieförmig umgebogen und die Skulptur der Oberfläche ist eine ganz andere. Namentlich fehlen die concentrischen Runzeln des oberen Schalentheiles ganz.

Vorkommen: Die Art gehört zu den häufiger vorkommenden Species der Fauna. Es liegen gegen 20 Exemplare derselben vor.

Erklärung der Abbildungen: Fig. 9 a stellt das vollständigste der vorliegenden Exemplare gegen die convexe Klappe gesehen in natürlicher Grösse dar. Fig. 9b Ansicht von vorn gegen die beiden Areae der vereinigten Klappen. Die höhere Area gehört der convexen Klappe an. Fig. 9 c. Mittlerer Längsschnitt durch die vereinigten Klappen. Es ist dies keine ideale Zeichnung, sondern sie entspricht genau dem Verhalten des wirklich in der Mitte durch Zerbrechen getheilten Exemplares. Bemerkenswerth erscheint die Verdickung der convexen Klappe gegen den Stirnrand hin. Vielleicht ist an den äusseren Stellen der Schale eine innere Schalschicht verschwunden.

PLATYSTROPHIA LYNX. Taf. V. Fig. 12a, b.

1820 *Terebratulites biforatus* Schlotheim: Petrefakturk. pag. 265.
1841 *Spirifer lynx.* Eichwald: Silur. Schichtensyst. in Ehstl. pag. 143.
1848 *Orthis lynx.* Davidson: K. de Verneuil, d'Orbigny, Salter etc.
1850 *Platystrophia lynx.* King Perm. Foss. of England. pag. 106.

Dieses wohlbekannte Fossil gehört zuverlässig unserer Fauna an. Die vorliegenden Exemplare stimmen vollständig mit Eichwald'schen Original-Exemplaren von Weerusberg überein.

Auch mit Exemplaren aus den Unter-Silurischen Kalkschichten (Trenton limestone) von Cincinnati besteht eine vollständige Uebereinstimmung. Nur die Grösse der letzteren ist viel bedeutender. Während das grösste der badewitzer Exemplare nur 22 millim. in der Breite misst, so haben ausgewachsene Exemplare von Cincinnati eine Breite von 1', bis 1', Zoll. Die Wölbung der Schale ist durchaus wie dort. Die dachförmigen Rippen liegen im Grunde des Sinus, 4 Rippen auf der Wulst und 8 Rippen jeder Seite auf den Seiten. Jüngere und kleinere amerikanische Exemplare und im Besonderen solche von etwa gleichen Dimensionen mit denjenigen von Sadewitz verhalten sich dagegen mehr abweichend. Sie sind gewöhnlich viel weniger stark aufgebläht und namentlich an den Seitentheilen mehr zusammengedrückt. Die geringere Zahl von nur 2 Falten im Sinus und 8 auf der Wulst findet sich dagegen bei den jugendlichen Formen von Sadewitz ebenso wie bei den Amerikanischen.

Die Gattungsbestimmung der Art betreffend, so ist noch keine völlige Sicherheit gewonnen. Der allgemeine Habitus ist derjenige von *Spirifer* und zu dieser Gattung ist die Art früher allgemein gerechnet worden. Nun wies aber Davidson nach, dass die Innenfläche der Schale die wesentlichen Merkmale der Gattung *Orthis*, namentlich in Betreff der Muskeleindrücke zeigt. King glaubt dagegen in der Art einen neuen generischen

Typus zu erkennen, den er *Platystrophia* nennt. Obgleich nun der von King aufgestellte Gattungscharakter noch keineswegs eine befriedigende Bestimmtheit und Abgrenzung gegen andere Gattungen darbietet, so weicht doch andrerseits der allgemeine Habitus der Schale so entschieden von demjenigen der ächten *Orthis*-Arten ab und namentlich ist das Vorhandensein eines so tiefen, bis in die Spitze des Schnabels der grösseren Klappe verlaufenden Sinus dieser Gattung so fremd, und lässt mit solcher Wahrscheinlichkeit auf eine bisher nicht erkannte Verschiedenheit der inneren Organisation schliessen, dass ich die Art lieber der noch unvollkommen begrenzten Gattung von King, als der Gattung *Orthis* unterordne.

Vorkommen: Die Art scheint zu den weniger häufigen Arten der Fauna zu gehören. Es liegen sechs Exemplare vor, von denen zwei durchaus vollständig und völlig frei aus dem Gestein gelöst sind.

Nach Friedr. Schmidt besitzt die Art in Ehstland eine bedeutende verticale Verbreitung. Sie reicht aus der Schichtenfolge (1) bis in die Schichtenfolge (3). In der Lyckholm'schen Schicht (2a) soll besonders die von M'Coy als *var. fimbriata* bezeichnete Varietät häufig und allgemein verbreitet sein. Bei Sadewitz fand sich nur ein einziges unvollständiges Exemplar dieser Varietät.

Salter (Murchison's Siluria ed. 3. pag. 543) giebt der Art eine noch viel bedeutendere verticale Verbreitung. Nach ihm soll sie aufwärts bis in den Wenlock-Kalk reichen. Das möchte noch der Bestätigung bedürfen und beruht vielleicht auf der Verwechselung mit einer ähnlichen Art.

Erklärung der Abbildungen: Fig. 12a stellt das vollständigste der vorliegenden Exemplare in natürlicher Grösse gegen die durchbohrte Klappe („Ventral-Klappe" Davidson's) gesehen dar. Fig. 12b dasselbe Exemplar von vorn gegen die Wirbel der vereinigten Klappen gesehen.

SPIRIFER INSULARIS. Taf. V. Fig. 11 a, b.

1842 *Terebratula insularis*, Eichwald: Urwelt Russland's II, 42. tab. II. fig. 8a, b, c.
1843 *Spirifer insularis*, M. V. K. Russia II, pag. 149, tab. VIII. fig. 7a, b, c
1857 *Spirifer insularis*, Eichwald: Beitrag zur geograph. Verbreit. der foss. Thiere Russland's. Alte Periode. Aus dem Bullet. de la Soc. des Natural. de Moscou für 1855—1857 besonders abgedruckt, pag. 70.
1865 *Orthis (?) insularis*, Friedr. Schmidt: Unters. über die Silur. Form. in Ehstland etc. pag. 216.

Die fast kugelige, aufgeblähte und im Umfange beinahe kreisrunde Schale besteht aus zwei Klappen von sehr ungleicher Grösse und Wölbung. Die eine Klappe ist die bei weitem grössere und gewölbtere. Ihre Wölbung beträgt mehr als die Hälfte einer Kugel und überragt mit dem ganz nach innen eingebogenen und die Spitze verbergenden Schnabel die andere Klappe bedeutend. Die Mitte der Klappe ist zu einer deutlich begrenzten flachen Wulst erhoben, welche erst gegen den Schnabel hin undeutlich wird. Die kleinere Klappe ist in der Nähe des Wirbels am höchsten, aber doch kaum ein Drittel so hoch als die andere Klappe gewölbt. Von diesem Punkte der höchsten Wölbung fällt die Klappe in einem wenig scharf begrenzten Sinus rasch gegen die Stirn hin ab. Hier bildet nämlich der Rand, in welchem sich die beiden Klappen berühren, eine tiefe subquadratische Inflexion, mit welcher die kleinere Klappe in den Umfang der grösseren hineingreift und deren Breite der Breite der Wulst in der anderen Klappe entspricht. Die Oberfläche beider Klappen ist glatt. Nur mit Hülfe der Lupe erkennt man feine Anwachsstreifen. Diese Art bietet in Betreff der generischen Bestimmung noch mancherlei Zweifel. Zuerst hat sie Eichwald unter der Benennung *Terebratula insularis* aus

Silurischen Schichten der Insel Dagö beschrieben. Später hat Verneuil in dem grossen Werke über Russland die Art zu der Gattung *Spirifer* gestellt und sich dabei auf die Beobachtung gestützt, dass die kleinere Klappe unter dem Wirbel mit einer deutlichen Area versehen sei. Er sieht deshalb diese kleinere Klappe als der durchbohrten Klappe der typischen Spiriferen entsprechend an. Friedr. Schmidt stellt die Art mit einem Fragezeichen zur Gattung *Orthis*. Der allgemeine Habitus des Fossils ist keiner dieser Gattungsbestimmungen günstig und scheint vielmehr auf einen eigenthümlichen generischen Typus hinzuweisen. Bevor nicht der innere Bau der Schale untersucht wird, ist darüber zu keiner Sicherheit zu gelangen. An dem mir vorliegenden Exemplar von Sadewitz, welches vollständig mit den Abbildungen und Beschreibungen von Eichwald und von E. de Verneuil übereinkommt, beobachte ich auf der kleineren Klappe eine mittlere bis zum Anfang des Sinus reichende Längslinie, welcher eine innere Längsleiste zu entsprechen scheint. Das passt wenig zu *Spirifer*. Aber auch nicht zu *Protomerus*, an welchen die allgemeine Schalenform doch immer am meisten erinnert.

Das geognostische Niveau der Art betreffend, so wird sie durch Fr. Schmidt ausschliesslich in seiner Abtheilung (2a), d. i. der Lyckholm'schen Schicht von verschiedenen Lokalitäten angeführt. Unter diesem ist auch der Fundort auf der Insel Dagö, von wo sie durch Eichwald zuerst beschrieben wurde. Ausserdem wird die Art noch aus den Umgebungen von Christiania angeführt. Kjerulf (Ueber die Geologie des südlichen Norwegen's. Christiania 1857, pag. 95.) führt sie unter den bezeichnenden Arten seiner Etage β (Untere Malmöschiefer) von der Insel Malmö bei Christiania auf. Diese Schichten sind entschieden Ober-Silurische und stehen der unteren Abtheilung der Silurischen Schichtenreihe auf der Insel Gotland gleich. Hiernach würde die geognostische Lagerstätte der Art in Norwegen bedeutend von derjenigen in Russland abweichen. Allein die specifische Identität der Norwegischen Form mit der typischen Russischen ist keineswegs sicher. Vielmehr scheint die erstere eine selbstständige Art zu bilden. Sinus und Wulst sind bei der Norwegischen Form viel schärfer begrenzt und verlaufen bis in die Wirbel. Ausserdem ist die ganze Schale mehr zusammengedrückt und weniger kugelig. Endlich scheinen die Norwegischen Exemplare auch bedeutendere Dimensionen als diejenigen der Russischen Form zu erreichen. Vor mir liegende, von mir selbst auf der Insel Malmö gesammelte Exemplare haben zum Theil eine Breite von 1 Zoll. Den ersten der angegebenen Unterschiede hat schon E. de Verneuil hervorgehoben. So wahrscheinlich demnach die specifische Verschiedenheit der Russischen und der Norwegischen Form erscheint, so sehr zeigen sie sich generisch zusammengehörig.

Vorkommen: Ein ganz vollständiges Exemplar liegt vor. Die Versteinerungsmasse desselben ist dieselbe weisse Kalkstein, aus welchem auch das der Beschreibung zu Grunde liegende Exemplar des *Isotelus robustus* herrührt, und welcher trotz seines verschiedenen Aussehens nach den übrigen organischen Einschlüssen demselben geognostischen Niveau, wie der gewöhnliche Kalkstein von Sadewitz, angehört. Ausserdem sind mehrere unvollständige Exemplare vorhanden; das eine derselben ist viel grösser als das abgebildete und misst 1¼ Zoll in der Breite.

Erklärung der Abbildungen: Fig. 11a stellt das vollständigste der vorliegenden Exemplare gegen die weniger gewölbte Klappe gesehen, in natürlicher Grösse dar. Fig. 11b dasselbe im Profil von der Seite.

ATRYPA MARGINALIS var.   Taf. V. Fig. 13 a, b.

1827 *Terebratula marginalis.* Dalman: Terebrat. pag. 59. tab. VI. fig. 6.
1832   —   —   Hisinger: Leth. Suec. pag. 81. tab. XXIII. fig. 8.
1839 *Terebratula imbricata.* Sowerby in: Murchison's Silur. Syst. pag. 724. tab. 12. fig. 12. tab. 2. fig. 2.
1851 *Atrypa marginalis.* Davidson: Brit. foss. Brachiop. Introd. 92.
1855 *Spirigerina marginalis.* M'Coy: Brit. Palæoz. foss. pag. 197.
1855 *Spirigerina imbricata.* Friedr. Schmidt: Unters. über die Silur. Form. in Ehstland etc. pag. 212.

Diese namentlich durch ihr ziemlich häufiges Vorkommen auf der Insel Gotland wohlbekannte Art zeigt in ihrer Erscheinungsweise fast eben so bedeutende Abänderungen wie *Atrypa reticularis*. Wenn man die von Dalman und Hisinger gegebene Abbildung der grossen flach zusammengedrückten und vielrippigen Form der *Terebratula marginalis* von Gotland mit der von Sowerby (Murchison's Silurian Syst. tab. 13. fig. 27) dargestellten aufgeblähten kleinen Form mit geringer Zahl der Falten vergleicht, so sollte man kaum dieselbe Art vor sich zu haben glauben, und doch scheinen solche extreme Formen durch vollständige Uebergänge verbunden. Die bei Sadewitz vorkommende Form ist eine kleine, mässig gewölbte, gedrungene Varietät mit scharf begrenztem Sinus und kleinem übergebogenen Schnabel der grösseren Klappe. Die Exemplare der gewöhnlichen Grösse messen kaum 6 Linien in der Breite. Am Umfange jeder Klappe zählt man gegen 25 Falten, die ganz in der Art wie bei *Atrypa reticularis* von etwas schuppig abstehenden Anwachsringen gekreuzt werden. Ganz so wie bei der zuletzt genannten Art vermehren sich die Falten durch mehrfache Dichotomie. Nach Friedr. Schmidt findet sich in Ehstland in der Lyckholm'schen Schicht (2 a) eine Form der Art, welche sich von der Hauptform durch den Umstand unterscheiden soll, dass die Längsfalten auf der Wulst der kleineren Klappe nur ein einziges Bündel bilden. Ich zweifle nicht, dass diese Ehstländische Form mit der unserigen identisch ist, obgleich mir keine Ehstländischen Exemplare zur Vergleichung vorliegen. Uebrigens die Gattungsbestimmung betreffend, so führt Davidson die Art unter den typischen Beispielen der Gattung *Atrypa* auf. In der That ist der allgemeine Habitus demjenigen von *Atrypa reticularis* ähnlich und die Skulptur der Oberfläche zeigt in den dichotomisch getheilten und durch schuppig abstehende Anwachsringe gekreuzten ausstrahlenden Falten sogar eine ganz entschiedene Analogie. Allein der tiefe Sinus in der Mitte der grösseren Klappe begründet doch auch wieder eine sehr bestimmte Verschiedenheit und lässt so wie die geringe Wölbung der nicht durchbohrten Klappe kaum auf eine gleiche Stellung der Spiralkegel, wie bei *Atrypa reticularis* schliessen. In der That habe ich bei einem zu dem Zwecke angeschliffenen Exemplare von Gotland deutlich erkannt, dass die Spiralkegel wie bei *Spirigera concentrica* mit ihren Spitzen seitwärts gerichtet sind. Ob dieser Beobachtung andere Wahrnehmungen von Davidson entgegenstehen, oder ob von Davidson die Art nur nach dem äusseren Habitus zu *Atrypa* gestellt ist, bedarf weiterer Aufklärung. Für jetzt scheint in Betreff der Art ein Conflict zwischen dem mit *Atrypa reticularis* verwandten äusseren Habitus und mit demjenigen von *Spirigera concentrica* übereinstimmenden Bildung des Spiral-Gerüstes zu bestehen. An Sadewitzer Exemplaren ist es mir übrigens wegen ungünstigen Verhaltens der die Schalenhöhlung ausfüllenden Versteinerungsmasse nicht gelungen, die Spiralgerüste zu erkennen.

Vorkommen: Die Art gehört zu den häufigeren *Brachiopoden* der Sadewitzer Fauna. Es liegen gegen 20 Exemplare derselben vor. Dass die Art auch in Ehstland in dem entsprechenden Niveau (2 a) vorkommt, wurde schon vorher erwähnt. Auch in England kommt die Art in Unter-Silurischen Schichten vor. Nach Salter (Murchison's Silaria ed. 3. pag. 542) reicht sie aus dem Caradoc-Sandstein bis in den Wenlock-Kalk.

Erklärung der Abbildungen: Fig. 13 a stellt eines der grössten unter den vorliegenden Exemplaren in natürlicher Grösse gegen die grössere durchbohrte Klappe gesehen dar. Fig. 13 b dasselbe von der Seite.

PENTAMERUS JUGLANS n. sp. Taf. V. Fig. 10 a, b.

In der allgemeinen Form ganz mit grossen Exemplaren des *Pentamerus galeatus* übereinstimmend, ist diese Art besonders durch die fast die ganze Oberfläche bedeckenden ausstrahlenden Rippen ausgezeichnet. Dieselben sind am stärksten und regelmässigsten in der mittleren Partie beider Klappen. Die mittlere Partie der grösseren Klappe, welche der Inflexion des Stirnrandes entspricht, enthält 7 solcher Rippen. Auf jeder der beiden Seiten sind dann noch 7—9 Rippen vorhanden. Weiterhin werden sie undeutlich und lassen die dem Schnabel zunächst liegende Partie frei. Die Rippen der kleineren Klappe sind in Zahl und Stärke mit denjenigen der grösseren übereinstimmend. Uebrigens lässt sich, da die Oberfläche der ganzen Schale etwas abgerieben ist, nicht genau bestimmen, welchen Grad von Schärfe die Rippen ursprünglich besessen haben.

Von dem Verhalten der inneren Scheidewände, welches für die specifische Bestimmung von Wichtigkeit wäre, ist nichts bekannt, da das einzige vorliegende Exemplar nichts von diesen Theilen zeigt.

Der vorstehend beschriebene *Pentamerus*, mag er nun eine selbstständige Art oder nur eine gerippte Nebenform des *Pentamerus galeatus* sein, gehört übrigens in jedem Falle auch zu denjenigen Arten, welche die Annäherung des geognostischen Niveau's, dem unsere Fauna angehört, an die obere Abtheilung der Silurischen Gruppe erweisen. Denn nicht nur *Pentamerus galeatus*, sondern alle anderen verwandten Arten der Gattung gehören den Ober-Silurischen Schichten an und namentlich ist aus dem Orthoceren-Kalke Skandinaviens und Russlands nichts Aehnliches bekannt.

Vorkommen: Nur ein einziges, aber vollständiges und völlig unverdrücktes, wenn auch etwas abgeriebenes, ganz frei aus dem Gesteine gelöstes Exemplar liegt vor. Aus den dem Niveau unserer Fauna entsprechenden Schichten in Ehstland wird durch Friedr. Schmidt nichts Aehnliches und überhaupt keine *Pentamerus* - Art aufgeführt.

Erklärung der Abbildungen: Fig. 10 a stellt das einzige vorliegende Exemplar gegen die kleinere, nicht durchbohrte Klappe gesehen in natürlicher Grösse dar. Fig. 10 b dasselbe im Profil von der Seite.

CRANIA PAPILLIFERA. Taf. V. Fig. 14 a, b.

Das einzige vorliegende Exemplar ist einem an beiden Enden unvollständigen Individuum von *Streptelasma Europaeum* aufgewachsen. Es ist von abgerundet quadratischem Umriss und zwar so, dass die Vorder- und Hinter-Seite fast geradlinig, die beiden Seitenränder mehr bogenförmig gekrümmt sind. Die ganze Schale ist stumpf konisch in der Art gewölbt, dass der Scheitel etwas excentrisch und zwar nach vorn gerückt ist. Zugleich erscheint die stumpfe kleine Scheitelspitze etwas nach vorn über geneigt. Die ganze Oberfläche zeigt concentrische, dem äusseren Umfange parallel verlaufende Anwachsringe. Ausserdem ist die Oberfläche mit feinen Granulationen oder Körnchen bedeckt. Zwischen zerstreuten grösseren, für das unbewaffnete Auge noch deutlich erkennbaren Warzen, welche zum Theil in der Mitte hohl, das Ansehen haben, als seien sie durch das Abbrechen von kurzen Stacheln oder Röhrenfortsätzen erzeugt, stehen dicht gedrängt und anscheinend fast regelmässig im Quincunx, viel feinere Papillen, so dass 3 bis 6 derselben auf den Zwischenraum zwischen je zwei der grösseren Warzen kommen. Die Vertheilung dieser granulirten Skulptur ist nicht auf allen Theilen der Oberfläche gleich. Im Allgemeinen ist sie nach unten gegen den äusseren Umfang hin schärfer und deutlicher als auf den Seiten, vielleicht nur deshalb, weil sie hier mehr abgerieben ist. Der Umfang der conischen Schale fügt sich auf das Genaueste der Oberfläche des Korallenstocks, dem das Fossil aufgewachsen ist, an und es ist keine Spur einer etwaigen unteren Klappe sichtbar.

Die Verwandtschaft des Fossils betreffend, so könnte man, da entschieden nur eine Klappe sichtbar ist, geneigt sein, es für einen *Patella* ähnlichen Gasteropoden zu halten. Allein die allgemeine Gestalt und die Skulptur der Oberfläche spricht für die Zugehörigkeit zu den Brachiopoden, namentlich *Crania* oder *Orbicula*. P. de Ryckholt (Mélanges Paléontol. Part. I. 1847) hat tab. IV. unter den generischen Benennungen *Orbiculoides* und *Orbitella* mehrere Fossilien aus palaeozoischen Schichten abgebildet und beschrieben, welche durch ihre allgemeine Form zum Theil an unsere Art erinnern. Auch bei ihnen ist nach den Abbildungen zu schliessen, von der unteren Klappe, wenn die Schale auf fremde Körper aufgewachsen ist, nichts wahrzunehmen. Die entschieden nicht hornige, sondern ursprünglich offenbar kalkige Beschaffenheit der Schale bei der Sadewitzer Art bestimmt mich vorzugsweise, sie eher zu *Crania* zu stellen.

Vorkommen: Das einzige vorliegende aber vortrefflich erhaltene Exemplar ist, wie schon oben bemerkt wurde, auf die Aussenfläche eines Exemplars von *Strophodonta Europaeum* aufgewachsen. Die Versteinerungsmasse ist wie diejenige des Koralls, vorherrschend kieselig. Friedr. Schmidt erwähnt nichts Aehnliches aus den entsprechenden Schichten Ehstland's.

Erklärung der Abbildungen: Fig. 14 a stellt das einzige vorliegende Exemplar mit dem unvollständigen Exemplare von *Strophodonta Europaeum*, dem es aufgewachsen ist, in natürlicher Grösse von oben gesehen dar. Fig. b dasselbe für sich allein von der Seite.

LINGULA QUADRATA. Taf. V. Fig. 15.

1829	*Crania quadrata*, Eichwald: Zoologia spec. I, pag. 275, tab. IV. fig. 7.
1840	*Lingula quadrata*, Eichwald: Silur. Syst. in Ehstl. pag. 164
1840	—	—	idem: Urwelt Russl. I, pag 15
1842	—	—	idem ibidem: II, pag. 58
1845	—	—	M. V. K. Russia II, pag. 277, tab. I, fig. 10
1858	—	—	Friedr. Schmidt: Unters. Sil. Form. von Ehstl. pag. 220.

Die mir mögliche Vergleichung mit Ehstländischen, durch Eichwald selbst mitgetheilten Exemplaren, gestattet die specifische Identität der Sadewitzer Art mit der Russischen bestimmt auszusprechen. Die Uebereinstimmung von Exemplaren von Pnope auf der Insel Dagö und von Lyckholm in Ehstland mit einem Exemplare von Sadewitz ist vollständig. Dieselbe fast 1', Zoll in die Länge betragende Grösse, dieselbe subrectanguläre Umrisse, dieselbe äusserst dünne und deshalb mehrfach verbogene und faltig zerknickte, auf

7

der Oberfläche fein concentrisch gestreifte, hornartig glänzende obere Schalschicht. Die Art ist wohl die grösste palaeozoische Art der Gattung. Die bedeutendere Grösse soll sie nach E. de Verneuil von der ähnlichen Ober-Silurischen *Lingula Lewisii* unterscheiden.

Vorkommen: Nur ein einziges, in ein 1", Kubikzoll grosses Stück des gewöhnlichen Sadewitzer Kalksteins eingeschlossenes, in der Schnabelgegend unvollständiges Exemplar liegt vor. Nach der Angabe von Friedr. Schmidt findet sich die Art sowohl in seiner Etage (1), wie auch in (2) und (2a). Für die letztere d. i. die Lyckholm'er Schicht, ist die grosse hier beschriebene Form vorzugsweise bezeichnend. Das Vorkommen derselben bei Sadewitz ist also auch wieder für das Gleichstehen der beiden Faunen besonders beweisend.

Erklärung der Abbildung: Fig. 15 stellt das einzige vorliegende Exemplar in natürlicher Grösse dar.

Ausser den in dem Vorstehenden beschriebenen Brachiopoden wurden noch folgende Arten in einzelnen sicher bestimmbaren, aber für die Abbildung nicht hinreichend vollständigen Exemplaren beobachtet:

1. **Strophomena depressa.** Var.

   Durch die grössere Regelmässigkeit und Constanz der concentrischen Runzeln auf dem flachen Schalentheile von der gewöhnlichen Form von Dudley und der Insel Gothland unterschieden. Anscheinend auch durch grössere Schärfe der ausstrahlenden Linien auf diesem flachen Schalentheile und durch die geringere Breite des abwärts gebogenen Schalentheile ausgezeichnet. Fünf ziemlich wohl erhaltene Exemplare liegen vor. Friedr. Schmidt (a. a. O. pag. 218) führt als *Strophomena tenuistriata* aus der Lyckholm'schen Schicht (2a) in Ehstland eine Art auf, zu deren auszeichnenden Merkmalen die Gleichmässigkeit der concentrischen Runzeln gehören soll. Vielleicht ist sie mit der Sadewitzer Form identisch.

2. **Leptaena imbrex.** M. V. K.

   Fünf unvollständige, mit der typischen Petersburger Form übereinstimmende Exemplare liegen vor. Friedr. Schmidt kennt die Art in Ehstland auch auf einem höheren Niveau, als der Wesenberg'schen Schicht (2).

3. **Leptaena ornata.** Eichwald.

   Ein einziges kleines, aber durch Vergleichung mit einem von Eichwald selbst erhaltenen Original-Exemplare der Art von Popowa sicher bestimmbares Stück liegt vor.

4. **Orthis Asmusi.** M. V. K.

   Nur ein einziges, aber nach Vergleichung mit Ehstländischen Exemplaren völlig sicher bestimmbares Stück liegt vor. Friedr. Schmidt führt die Art nur aus der Wesenberg'schen Schicht (3) auf.

5. **Rhynchonella Wilsoni.**

   Nur ein einziges, aber sicher bestimmbares Exemplar liegt vor. Friedr. Schmidt kennt die Art in Ehstland nur in Ober-Silurischen Schichten. Nach Murchison's Siluria ed 3. pag. 545 soll sie jedoch auch in England bis in die Llandoveryrocks hinabsteigen.

VII. ACEPHALA (LAMELLIBRANCHIATA).

Die Vertretung dieser grossen Abtheilung der Mollusken in unserer Fauna ist sehr schwach. Sie beschränkt sich auf die nachstehenden beiden Arten:

1. **Modiolopsis** sp. conf. *Modiolopsis modiolaris* Conrad (Salter in Murchison's Siluria ed. 3. pag. 213). Nur ein einziges als Steinkern erhaltenes Exemplar liegt vor. Friedr. Schmidt erwähnt, dass mehrere Arten der Gattung *Modiolopsis* in Ehstland in dem Niveau unserer Schichten vorkommen.

2. **Cyrtodonta** sp. Ein Steinkern der den allgemeinen Habitus der von Billings (Geolog. Survey of Canada. Report for the year 1857. Toronto 1858. pag. 179) errichteten Gattung *Cyrtodonta* hat.

VIII. GASTEROPODA.

HOLOPEA AMPULLACEA. Taf. VI. Fig. 1.

Natica ampullacea. Eichwald. Ueber das Silurische Schichtensystem in Ehstland 1840. p. 124.
— — M. V. K. Heuts 1843. Vol. II. p. 372.
Holopea ampullacea. Fr. Schmidt: Untersuch. über der Silur. Form. von Ehstland, Nord-Livland und Oesel. Dorpat 1858. p. 205.

Ein conischer, aus drei gewölbten Umgängen bestehender Turbo-ähnlicher *Gasteropoda*-Steinkern mit starken Längswülsten oder Rippen auf der oberen Hälfte der Umgänge. Das Anwachsen der Umgänge ist so rasch, dass jeder derselben mehr als die doppelte Höhe des vorhergehenden hat. Auf der oberen Seite gegen die Naht hin sind die Umgänge etwas abgeflacht. Gerade unterhalb dieser Depression treten die Längswülste oder Rippen am stärksten vor und lassen die Umgänge wie gekrönt erscheinen. Es kommen zwölf solcher Wülste auf einen Umgang. Sie sind übrigens nicht von ganz gleichmässig zunehmender Stärke.

7*

sondern einzelne sind bedeutend stärker oder schwächer, als die angrenzenden. Zwischen den Wülsten sind, wo sich Theile der Schale erhalten haben, scharfe mit den Wülsten selbst parallele Längslinien bemerkbar. Das Vorhandensein der Wülste auf den Steinkernen lässt auf eine unbedeutende Dicke der Schale schliessen. Die Unterseite ist deutlich genabelt. Bei dem Vorhandensein der Schale kann übrigens möglicher Weise die Nabelvertiefung ausgefüllt sein. Die Mündung des Gehäuses scheint dem Querschnitt der Umgänge ganz gleich zu sein. Sie ist oval, bedeutend breiter als hoch.

Eichwald hat die Art unter der Benennung *Natica ampullacea* aus Ehstland beschrieben. Fr. Schmidt, indem er bemerkt, dass ächte Natica-Arten schwerlich in Silurischen Schichten vorkommen, bringt die Art zu Hall's Gattung *Holopea* und führt sie als ein für die „Lyckholmer Schichten" bezeichnendes Fossil von vielen Punkten in Ehstland an, namentlich von Forel, Muddis, Orrenhof, Satlep, Lyckholm, Neuenhof bei Hapsal und Hohenholm. Ich selbst halte die Zugehörigkeit der Art zur Gattung *Natica* nach der allgemeinen Gestalt ebenfalls nicht für wahrscheinlich und nehme die Gattungsbestimmung von Fr. Schmidt vorläufig an. Hall errichtete die Gattung *Holopea* für Turbo-ähnliche *Gasteropoden* des Unter-Silurischen Trenton-Kalkes im Staate New-York. Die Begrenzung derselben ist aber nicht scharf und namentlich die Angabe der generischen Unterschiede von Turbo wenig befriedigend. Die Gestalt der Mündung soll etwas von derjenigen bei Turbo abweichen. Im Uebrigen wird nur die allgemeine Wahrscheinlichkeit, dass die Silurischen *Gasteropoden* von den *Gasteropoden* der jüngeren Bildungen, mit denen sie im Allgemeinen Aehnlichkeit haben, doch in Wirklichkeit meistens generisch verschieden sind, für die Trennung von Turbo geltend gemacht. Uebrigens ist unter den von Hall beschriebenen Arten keine, welche eine nähere Uebereinstimmung mit unserer Art zeigt und namentlich hat keine die wulstförmigen Rippen derselben. Die Zugehörigkeit zu der Hall'schen Gattung ist mir daher, selbst von den Bedenken gegen deren generische Begründung abgesehen, keineswegs zweifellos. Dass die Art einem von Turbo verschiedenen generischen Typus zugehört, halte ich selbst deshalb für wahrscheinlich, weil die leicht erkennbaren dicken Kalkdeckel von Turbo sich weder mit dieser Sadewitzer Art, noch überhaupt in Silurischen Schichten bisher gefunden haben.

Dass übrigens die hier zu beschreibende Sadewitzer Art wirklich mit der Art von Ehstland identisch ist, dafür habe ich durch die Vergleichung von Exemplaren beider Gegenden völlige Sicherheit gewonnen. Der Gefälligkeit des Herrn Professor Growingk in Dorpat verdanke ich ein Exemplar aus den „Lyckholmer Schichten" bei Orrenhof in Ehstland, welches die vollständigste Uebereinstimmung mit den Sadewitzer Exemplaren zeigt. Das Ehstländische Exemplar zeigt zugleich, dass die Art noch bedeutendere Dimensionen, als das abgebildete Exemplar von Sadewitz erreicht. Es hat einen ganzen Umgang mehr, als das letztere und eine Breite von 3 Zoll.

Vorkommen: Die Art gehört zu den häufigeren *Gasteropoden* der Fauna. Es liegen 6, freilich sämmtlich nur in der Form von Steinkernen erhaltene Exemplare vor. Das Gesteinstück, in welches eines derselben eingewachsen ist, umschliesst ausserdem solche für unsere Fauna bezeichnende Arten wie *Leptaena sericea* und *Helipora serpuliformis* zum sicheren Beweise, dass die Art wirklich unserer Fauna angehört.

Erklärung der Abbildung: Fig. 1 stellt das best erhaltene der vorliegenden Exemplare von der Seite gesehen in natürlicher Grösse dar.

Ausserdem enthält die Sammlung noch eine Anzahl von *Gasteropoden*, aber meistens nur in der Form von Steinkernen oder sonst zu unvollständig erhalten, um generisch und speciﬁsch scharf bestimmbar zu sein. Bei einigen derselben hat sich jedoch der unvollständigen Erhaltung ungeachtet durch Vergleichung mit Russischen Exemplaren feststellen lassen, dass sie Arten angehören, welche in Russland und zwar aus entsprechenden Silurischen Schichten beschrieben worden sind. Das sind die folgenden:

1. **Murchisonia bellicincta** Hall bei Fr. Schmidt: Silur. Form. von Ehstland, Nord-Livland etc. pag. 204. Ein grosser, bis 6 Zoll erreichender, gewöhnlich aber nur 3 bis 4 Zoll langer, spitzkonischer oder thurmförmiger *Gasteropoden*-Steinkern mit fünf bis sechs gewölbten Umgängen. Bei sehr grossen Exemplaren verliert sich auf den letzten Umgängen die Wölbung, und ihre Oberfläche ist fast eben. Durch gefällige Mittheilung von Russischen Exemplaren durch Grewingk habe ich mich bestimmt überzeugen können, dass in der That die Sadewitzer Steinkerne zu der Russischen Art, welche Fr. Schmidt mit einer Amerikanischen Art von Hall identiﬁcirt, gehören. Ob wirklich die Russische und Sadewitzer Art mit der Amerikanischen identisch ist, möchte noch weiterer Bestätigung bedürfen, da Fr. Schmidt wohl kaum Hall'sche Original-Exemplare vor sich gehabt hat und Hall (Palaeontol. of New-York I, tab. 39, ﬁg. 1) selbst nur Steinkerne, welche über die Skulptur der Schalen-Oberfläche keinen Aufschluss geben, abgebildet hat. Fr. Schmidt hat die für *Murchisonia* bezeichnende, einem Spalte in der Mitte der Aussenlippe entsprechende bogenförmige Rückbiegung der Anwachsstreifen auf der Oberfläche der Umgänge beobachtet und sie auf einer bisher nicht erschienenen Tafel, von welcher ein Probe-Abdruck vor mir liegt, abbilden lassen. Die Sadewitzer Exemplare, als blosse Steinkerne, lassen nichts von dieser Skulptur erkennen.

Nach Fr. Schmidt ist die Art eine der bezeichnendsten organischen Formen der Lyckholm-schen Schicht (2a). Auch bei Sadewitz ist sie häufig und die Sammlung enthält gegen 20 Exemplare. Es gehört die Art also auch zu denjenigen, welche die Gleichheit des geognostischen Niveaus der Sadewitzer Fauna mit demjenigen der Lyckholm'schen Schicht erweisen.

2. **Subulites gigas** Eichwald: Urwelt Russlands II, pag. 56, tab. II, ﬁg. 16. (**Phasianella gigas** Friedr. Schmidt: Silur. Form. von Ehstland, Nord-Livland etc. pag. 205.) Nur ein Paar unvollständige Exemplare liegen vor. Sie genügen aber, um die Identität mit Eichwald's Art festzustellen. Durch Friedr. Schmidt wird die Art von vielen Fundorten aus der Lyckholm'schen Schicht und ausschliesslich aus dieser aufgeführt.

3. **Subulites sp.?** eine viel schlankere Form, als die vorhergehende. Durch die flache Oberfläche der Umgänge von *Subulites elongatus* Conrad unterschieden.

4. **Trochus rupestris** Eichwald: Urwelt Russl. II, pag. 54, tab. II, ﬁg. 10, 11. Fr. Schmidt l. c. pag. 205. Es liegen mehrere Exemplare zum Theil auch mit erhaltener Schale vor, welche sicher als zu der Art gehörig bestimmt werden können. Einige der Exemplare sind viel grösser als Eichwald die Art abbildet, zum Theil über 1 Zoll gross. Fr. Schmidt führt die Art als besonders bezeichnend für die Lyckholmer Schicht und nur aus dieser auf.

5. **Euomphalus qualteriatus** Schlotheim. Liegt zwar nur in der Erhaltung als Steinkern vor; die Richtigkeit der Bestimmung ist aber dennoch ziemlich zweifellos, da die Steinkerne völlig mit solchen von den typischen Russischen Lokalitäten übereinstimmen. In Russland scheint die Art nur aus dem eigentlichen Orthoceren-Kalke bekannt zu sein und auch Fr. Schmidt erwähnt sie nicht aus einem höheren Niveau.

6. **Maclurea neritoides** Eichwald: Bullet. de Moscou 1856, IV, pag. 599. Friedr. Schmidt l. c. pag. 205. Nur ein einziges $2^{1}{}_{2}$ Zoll breites unvollständig erhaltenes Exemplar liegt vor. Fr. Schmidt führt die Art allein aus der Lyckholmer Schicht auf. Dieser Umstand und seine Beschreibung lässt mich die Identität mit der Sadewitzer Art annehmen. Russische Exemplare haben mir jedoch nicht zur Vergleichung vorgelegen. Mit Sicherheit glaube ich dagegen die Identität der Sadewitzer Art mit einer in dem schwarzen Kalke der Halbinsel Herö bei Porsgrund im südlichen Norwegen vorkommenden Art, welche ich (Vergl. Zeitschr. der Deutschen geolog. Ges. Jahrg. 1858 S. 586) als möglicher Weise mit Salter's *Maclurea Logani* identisch angeführt habe, aussprechen zu können. Vor mir liegende Stucke von Herö stimmen in allen an dem Sadewitzer Exemplare erkennbaren Merkmalen mit diesem letzteren überein. Dieselbe ganz ebene flache Oberseite, dasselbe rasche Anwachsen der Umgänge und die gleiche Scharfwinkeligkeit, mit welcher die flach gewölbte Aussenfläche der Umgänge mit der ebenen Oberseite derselben zusammenstösst. Auf diese Weise gehört die Art zu denjenigen, welche nicht bloss für die Gleichstellung des Sadewitzer Niveaus mit demjenigen der Lyckholmer Schichten in Russland, sondern auch mit demjenigen der schwarzen Kalke von Herö in Norwegen beweisend sind.

IX. PTEROPODA.

ACESTRA SUBULARIS n. sp. Taf. VII. Fig. 7a, b.

In einem mehr als handgrossen Stücke des gewöhnlichen, dichten, grauen Kalksteins liegen lange, nadelförmig dünne, walzenrunde, gerade Körper in ungefähr paralleler, aber sonst unregelmässiger Anordnung in grosser Zahl eingeschlossen. Die Dicke der Körper beträgt kaum 1 millim., die Länge dagegen mehr als $5^1/_2$ Zoll. Denn einzelne der pfriemenförmigen Körper lassen sich durch das ganze Kalksteinstück, welches die angegebene Länge hat, verfolgen. Die Substanz, aus welcher die Körper bestehen, ist wasserheller reiner Kalkspath mit zahlreichen Sprüngen in der Richtung der Blätterdurchgänge. Die Oberfläche der nadelförmigen Körper ist glatt und zeigt keinerlei organische Skulptur, auch nicht die feinste concentrische Streifung. Sie sind in den umhüllenden, dichten Kalkstein so eingebettet, dass dieser sie unmittelbar umschliesst und keinerlei Zwischenraum, den eine etwa zerstörte äussere Schale eingenommen hätte, übrig bleibt. Nicht alle Nadeln liegen in derselben Hauptrichtung, sondern einzelne stehen quer gegen die Ebene, in welcher die Mehrzahl ausgebreitet liegt und zeigen daher nur den runden Querschnitt. Obgleich die Körper auf den ersten Blick nadelförmig erscheinen, so sind sie doch in Wirklichkeit cylindrisch und lassen weder an dem einen noch an dem anderen Ende eine deutliche Zuspitzung oder auch nur allmähliche Verjüngung erkennen. Freilich ist auch nirgends eine natürlich begrenzte Endigung wahrzunehmen, und es ist daher immerhin möglich, dass das eine oder beide Enden bei vollständiger Erhaltung angespitzt sind.

Die Dicke der verschiedenen Individuen ist im Ganzen auffallend gleich. Bei weitem die meisten haben übereinstimmend die oben angegebene Dicke von kaum 1 millim. Es sind jedoch auch dünnere Individuen von $^1/_2$ oder $^1/_3$ millim. Dicke vorhanden. Nur kürzere Bruchstücke von höchstens $^1/_2$ Zoll haben sich von diesen erhalten und sie liegen nicht in gleicher Hauptrichtung mit den grösseren Exemplaren, sondern regellos neben diesen.

Dasselbe Gesteinsstück, welches die fraglichen Körper umschliesst, enthält übrigens auch kleine Korallen und undeutliche Säulenstücke von *Crinoiden*.

Fragt man nun nach der systematischen Stellung des Körpers, so erscheint diese äusserst zweifelhaft und problematisch. Die aus späthigem Kalk bestehende Versteinerungsmasse könnte die Zugehörigkeit der Körper zu den *Echinodermen* vermuthen und etwa an dünne Echiniden-Stacheln wie diejenigen der Gattung *Diadema* denken lassen. Allein der wasserhelle Kalkspath, aus dem die Körper bestehen, ist von ganz anderer Beschaffenheit, als der undurchsichtige, weisse, späthige Kalk, welcher die regelmässige Versteinerungsmasse aller festen Theile der *Echinodermen* bildet, und welcher von der chemischen Constitution und dem Gefüge der starren Theile der *Echinodermen* im lebenden Zustande abhängig ist. Die Beschaffenheit des wasserhellen Kalkspaths ist vielmehr eine solche, wie sie sich da zeigt, wo der kohlensaure Kalk als Ausfüllung von Hohlräumen auftritt. Ausserdem fehlt den nadelförmigen Körpern aber auch jede Skulptur der Oberfläche, wie sie für Echiniden-Stacheln so bezeichnend ist. Bei umsichtiger Erwägung der möglichen Verwandschaftsverhältnisse bleibt schliesslich doch die Zugehörigkeit zu den *Pteropoden* das Wahrscheinlichste und namentlich wird man an die Vergleichung mit den freilich auch nicht unbedenklich dahin gehörenden *Tentaculiten* denken. Die Kalkspathcylinder sind dann als die Ausfüllungen dünner Röhren zu betrachten, deren Schale selbst verschwunden ist. Freilich stehen auch dieser Deutung Schwierigkeiten verschiedener Art entgegen. Zunächst sind *Pteropoden*-Schalen von auch nur annähernd gleicher Schlankheit nicht bekannt und es scheint schwer begreiflich, wie sich Schalen von nothwendig so grosser Zerbrechlichkeit erhalten konnten. Ausserdem liegen die feinen Kalkspath-Cylinder in dem Gesteine zum Theile so nahe aneinander, dass zwischen ihnen selbst für eine sehr dünne Schale kein Raum gewesen zu sein scheint. An einem einzigen nur etwa 2½ millim. langen Fragmente eines der Kalkspath-Cylinder erkennt man eine feine geringelte Oberfläche, etwa wie bei *Tentaculiten*. Aber auffallender Weise scheinen die Ringel nicht einer äusseren einhüllenden Schale anzugehören, sondern dem Kalkspath-Cylinder selbst eingegraben zu sein. Möglicher Weise ist daher jene Ringelung doch nur eine zufällige Erscheinung.

Es wird fortgesetzter Beobachtung des problematischen Fossils, wo möglich in anderer Erhaltung, bedürfen, um zu einer sichereren Vorstellung von dessen systematischer Stellung zu gelangen. Die Gattungsbenennung *Acestra* (ἄκεστρα Nadel) ist daher auch nur als eine vorläufige zu betrachten.

Vorkommen: Es liegt nur das einzige mehr als handgrosse Kalksteinstück mit zahlreichen darin eingeschlossenen Exemplaren des Körpers vor, nach welchem die Beschreibung und Abbildung entworfen wurde. Das Berliner Mineralien-Cabinet besitzt ein etwas kleineres Stück, welches mit einer Bruchfläche genau an eine entsprechende Bruchfläche des Breslauer Stückes passend, offenbar durch Abschlagen von dem letzteren gewonnen ist. Ausserdem hat mich Beyrich auf das Vorkommen derselben nadelförmigen Körper in gewissen zersetzten, leichten, kieseligen Kalksteinblöcken mit rechtwinkeliger, Backstein-ähnlicher Zerklüftung, welche bei Berlin und in der Mark Brandenburg überhaupt als Diluvialgeschiebe sich finden, aufmerksam gemacht. In diesem Gesteine ist freilich die Substanz der Nadeln nicht Kalkspath, sondern Hornstein. Ich selbst kenne das Fossil in gleicher kieseliger Erhaltung von Meserita in der Provinz Posen, von wo es mir mit anderen Silurischen Geschiebe-Versteinerungen durch den verdienstvollen, zu früh verstorbenen Oberlehrer Kade mitgetheilt wurde. Uebrigens finde ich auch in dem der Beschreibung vorzugsweise zu Grunde liegenden Stücke von Sadewitz einzelne kleine Bruchstücke ebenfalls in Kiesel verwandelt. Aus anstehenden Silurischen Schichten Skandinaviens oder Russlands ist meines Wissens nichts Aehnliches bekannt.

Erklärung der Abbildungen: Fig. 7 a. Ansicht des der Beschreibung zu Grunde liegenden Stückes in natürlicher Grösse. Fig. 7 b ein unvollständiges Stück eines einzelnen der nadelförmigen Körper vergrössert.

X. CEPHALOPODA.

ORTHOCERAS REGULARE? Taf. VII. Fig. 5a, 5b.

Mehrere in der Form von Steinkernen erhaltene Stücke von Orthoceren haben ganz die sehr allmählich konisch verjüngte fast cylindrische Gestalt des Gehäuses und die centrale Lage des mässig grossen Sipho, welche für das, was Schlotheim, Bronn, Hisinger und Andere *Orthoceratites regularis* genannt haben, bezeichnend sind. Aber da die gleichen Merkmale bei vielen verwandten Arten vorhanden sind, welche sich nur durch die Skulptur der Schalenoberfläche unterscheiden, so ist, da bei den fraglichen Stücken selbst die Schale nicht erhalten ist, die Zugehörigkeit derselben zu *Orth. regularis* mit Sicherheit nicht festzustellen. Ich habe durch Angelin Exemplare einer Art aus dem Orthoceren-Kalke der Insel Oeland erhalten, welche nach Angelin's mündlicher Angabe sich von dem sehr ähnlichen *Orth. regulare* durch das Vorhandensein von feinen Tuberkeln auf der Innenfläche der Schale unterscheiden soll. An einem der vorliegenden Stücke von Sadewitz glaube ich die durch jene Tuberkeln bewirkten nadelstichförmigen Vertiefungen auf einer unteren Schalschicht zu erkennen.

Fried. Schmidt (a. a. O. pag. 200) glaubt, dass *Orth. regulare* in Ehstland gar nicht vorkomme und dass Alles, was man dafür ausgegeben zu *Orth. bovillas* M. V. K. gehöre. Zugleich bemerkt er, dass wenn die oberste quergereifte Schalschicht fehlt, die untere Schalschicht mit eingestochenen Punkten bedeckt, übrigens aber glatt sei. Das ist dieselbe Beobachtung, welche Angelin an der Schwedischen Form gemacht hat und wahrscheinlich haben beide Autoren dieselbe Art im Auge. Diese muss eine neue specifische Benennung erhalten, denn *Orth. bovillas* ist, nach der Abbildung zu schliessen, durch das rasche Anwachsen des Gehäuses in der Breite wohl unterschieden.

Erklärung der Abbildungen: Fig. 5a Ansicht des grössten der als Steinkerne erhaltenen Bruchstücke in natürlicher Grösse von der Seite. Fig. 5b Ansicht der convexen Fläche einer Kammerwand mit dem Querschnitte des Sipho.

ORTHOCERAS CLATHRATO-ANNULATUM. n. sp. Taf. VII. Fig. 4a, 4b.

Orthoceras annulatum. Fried. Schmidt a. a. O. pag. 199.

Eine Art mit den Ringwülsten des Ober-Silurischen *Orthoceras annulatum*, aber mit einer aus feinen Längs- und Querlinien bestehenden gegitterten Skulptur der Schalen-Oberfläche. In der gewöhnlichen Erhaltung als Steinkern ist sie von dem *Orth. annulatum* kaum zu unterscheiden. Die Ringwülste sind nur wenig hin und

6

hergebogen, sondern verlaufen fast gerade in rechtwinkelig gegen die Hauptachse gerichteter Ebene. Bei dem grössten, 3 Zoll 7 Linien langen Exemplare sind 15 solcher Ringwülste vorhanden. Der Sipho ist central und von mässiger Dicke. Ist die Schale selbst erhalten, so zeigt sie feine aber die Ringwülste und ihre Zwischenräume ohne Unterbrechung fortlaufende erhabene Längslinien, und noch feinere die Längslinien kreuzende Querlinien. Dadurch entsteht ein Spinngewebe-ähnliches, gegittertes Ansehen der Oberfläche. Diese Skulptur der Oberfläche ist durchaus verschieden von derjenigen des *Orthoceras annulatum*, wie sie von Sowerby (in Murchison's Silur. Syst. Pl. 9. fig. 3) gegeben wird. Sie ist aber auch abweichend von derjenigen des *Orthoceras anellus* Hall (Palaeontol. of New-York I. pag. 202. tab. XLIII. fig. 6) aus dem Trenton-Kalke, mit welcher Friedr. Schmidt unsere Art identificirt. Denn diese amerikanische Art hat nur Längslinien, keine Querlinien. Uebrigens ist bei derselben nach Hall's Angabe auch die Lage des Sipho excentrisch, während er bei unserer Art genau central ist.

Bemerkenswerth ist die starke Abnahme des Durchmessers der Wohnkammer gegen die Mündung hin. Es liegen mehrere Stücke vor, welche dieses Verhalten sehr ausgezeichnet zeigen. Alle diese Stücke bestehen aus der Wohnkammer allein und sind am unteren Ende durch die gewölbte Fläche der letzten Kammerwand convex begrenzt. Das grösste dieser Stücke ist bei einer Länge von 3½ Zoll am hinteren Ende 1 Zoll 3 Linien, am vorderen Ende 1 Zoll breit. Dicht an der Mündung ist die Wohnkammer etwas eingeschnürt. Die genaue Form der Mündung ist bei keinem der vorliegenden Exemplare deutlich wahrzunehmen.

Vorkommen: Die Art gehört zu den häufigsten Cephalopoden der Fauna. Es liegen mehr als 80 mehr oder minder vollständige Exemplare vor. Die meisten sind blosse Steinkerne und nur bei einigen sind Fragmente der Schale selbst erhalten.

Fr. Schmidt führt die Art unter der Benennung *Orthoceras anellus* Hall als bezeichnend für die Lyckholm'sche Schicht von vielen Punkten in Ehstland auf. Ein durch Grewingk in Dorpat angebändertes, freilich nur als Steinkern erhaltenes Exemplar stimmt mit den Exemplaren von Sadewitz überein.

Erklärung der Abbildungen: Fig. 4 a stellt das grösste und best erhaltene der vorliegenden Exemplare von der Seite gesehen in natürlicher Grösse dar. Bis zum oberen Ende sind die Kammerwandnähte im Grunde der Zwischenräume zwischen den Ringwülsten sichtbar. Das Stück reicht also noch nicht bis zur Wohnkammer. Auf dem unteren Theile der Oberfläche ist die Schale selbst mit ihrer gegitterten Skulptur erhalten. Fig. 4 b. Ansicht der convexen Fläche einer Kammerwand mit dem Querschnitte des Sipho.

ORTHOCERAS TEXTUM-ARANEUM n. sp. Taf. VII. Fig. 3a, 3b.

Das sehr allmählich konisch verjüngte, fast cylindrische, leicht gebogene Gehäuse ist auf der Oberfläche mit starken Ringwülsten geziert und über diese, wie über deren Zwischenräume erstreckt sich die zierlich gegitterte Skulptur der Schale. Der kleine Sipho liegt merklich excentrisch und der convex gekrümmten Seite des Gehäuses genähert.

Das abgebildete 4½ Zoll lange, an beiden Enden unvollständige Stück, misst 1 Zoll 4‴ am schmaleren unteren, und 1 Zoll 6‴ am oberen dickeren Ende und ist mit 11 in regelmässigen Abständen stehenden Ringwülsten bedeckt. Die Nähte der Kammerwände liegen im Grunde der die Ringwülste trennenden

Furchen und jeder Kammer entspricht daher eine der Ringwülste. Die an dem fraglichen Stücke zum Theil erhaltene Schale zeigt die für die Art bezeichnende zierliche Skulptur, welche aus starken über die Ringwülste und ihre Zwischenräume gleichmässig fortziehenden, durch 3 millim. breite Abstände getrennten erhabenen Längslinien und feinen, gleich Spinngewebefäden zwischen den Längslinien regelmässig ausgespannten erhabenen Querlinien besteht. Von den erhabenen Längslinien kommen 22 bis 24 auf den ganzen Umfang des Gehäuses.

Durch die Ringwülste und die gegitterte Skulptur der Oberfläche steht diese Art dem *Orthoceras clathrato-annulatum* nahe. Durch die viel bedeutendere Grösse, durch die leichte Krümmung des Gehäuses, durch die excentrische Lage des Sipho und durch die grössere Regelmässigkeit der äusseren Schalen-Skulptur ist sie davon unterschieden. Dennoch soll die Möglichkeit der Identität beider Arten nicht so unbedingt geleugnet werden, da von beiden keine ganz vollständige Exemplare vorliegen.

Vorkommen: Es liegt eine beträchtliche Anzahl von Exemplaren vor. Alle sind aber nur Bruchstücke. Das längste derselben misst 4½ Zoll. Die meisten Bruchstücke sind blosse Steinkerne. Bei mehreren ist aber auch die Schale selbst mit der äusseren Skulptur zum Theil erhalten.

Erklärung der Abbildungen: Fig. 3 a stellt das grösste der vorliegenden Exemplare von der Seite gesehen in natürlicher Grösse dar. Die Schale ist nur auf der oberen Hälfte des Stückes erhalten. Der bei weitem grössere Theil des Stückes gehört schon der Wohnkammer an, denn die Kammerwände, deren Nähte im Grunde der Zwischenräume zwischen den Ringwülsten liegen, reichen kaum bis zum ersten Drittheile des Stückes. Fig. 3 b. Ansicht der convexen Fläche einer Kammerwand mit dem Querschnitte des Sipho.

ORTHOCERAS SUBOCTO-SEPTATUM n. sp. Taf. VII. Fig. 6 a, 6 b. Taf. VI. Fig. 3 a—c

Die auffallendste Eigenthümlichkeit dieser Art besteht in dem Verlaufe der Kammerwandnähte. Diese bilden nämlich auf jeder der beiden breiteren Flächen des seitlich zusammengedrückten Gehäuses eine breite bogenförmige Einsenkung und erheben sich eben so gleichförmig auf den schmaleren Flächen zu einem nach vorn convexen Bogen. Bei dem vollständigsten der vorliegenden Bruchstücke kommen auf die Länge von 2½ Zoll neun Kammerwände. Der Abstand derselben unter sich ist anscheinend fast gleich, in Wirklichkeit aber vergrössert er sich allmählich nach vorn d. i. gegen die Mündung hin. Das Anwachsen des Gehäuses ist ziemlich rasch und namentlich in der Richtung des grösseren Durchmessers des Querschnitts. Bei dem erwähnten 2½ Zoll langen Bruchstücke beträgt dieser längere Durchmesser des Querschnitts an dem unteren Ende 26 millim., an dem oberen Ende 37 millim. Das Anwachsen in der Richtung des kürzeren Durchmessers ist minder rasch. An dem fraglichen Stück beträgt derselbe am unteren Ende 22 millim., am oberen Ende 30 millim. Der Querschnitt des Gehäuses selbst ist von länglich rundlicher Form an beiden Enden scheinbar gleichmässig zugerundet, bei näherer Betrachtung aber doch an dem einen etwas mehr zusammengedrückt. An diesem etwas schmaleren Ende liegt nun fast ganz randlich der dünne Sipho. Bei der randlichen Lage und dem geringen Durchmesser sucht man den Sipho auf der Fläche der Kammerwand oft lange vergeblich.

8*

Ausser den gerade gestreckten Bruchstücken finden sich nun mehr oder minder stark gekrümmte und zugleich stärker von den Seiten zusammengedrückte mit gleichem Verlauf der Kammerwandnähte und gleicher Lage des Sipho. Das deutlichste dieser Stücke ist das Fig. 3a abgebildete. Nach der starken Krümmung und der schnellen Verjüngung des Gehäuses würde man solche Stücke anfänglich kaum demselben Gattung wie die gerade gestreckten zurechnen zu können glauben und doch stimmen diese gekrümmten Stücke in deren Biegung der Kammerwandnähte und der Lage des Sipho so sehr mit den gerade gestreckten überein, dass man die Zusammengehörigkeit beider zu derselben Art nicht wohl abweisen kann. Das Verhalten dieser gekrümmten Stücke zu den geraden bedarf daher noch weiterer Aufklärung. Vielleicht ist das Gehäuse anfänglich gekrümmt und wird erst später gerade gestreckt. Zu Cyrtoceras können die gekrümmten Stücke bei dem geringen Durchmesser des Sipho in keinem Falle gehören. Uebrigens ist noch hervorzuheben, dass bei den gekrümmten Stücken an der Seite, an welcher der Sipho liegt d. i. an der convex gekrümmten Seite das Gehäuse viel stärker als an der anderen zusammengedrückt ist, so dass es hier fast eine Kante bildet. Die Kammerwandnähte bilden auf dieser Kante einen deutlich ausgesprochenen nach vorwärts gezogenen Winkel.

Orthoceras imbricans Wahlenberg (Hisinger: Leth. Suec. pag. 29, tab. IX, fig. 9) erinnert durch die ähnliche bogenförmige Inflexion der Kammerwandnähte an unsere Art, ist aber durch die subcentrale Lage des Sipho und andere Merkmale durchaus unterschieden.

Vorkommen: Die Art liegt in ziemlich zahlreichen Bruchstücken vor. Alle sind nur Steinkerne. Jedoch sind Spuren der Schalen-Skulptur, in undeutlichen Längslinien bestehend, dennoch auf einigen erhalten.

Erklärung der Abbildungen: Taf. VII. Fig. 6a stellt das vollständigste der vorliegenden Bruchstücke von der Seite gesehen in natürlicher Grösse dar. Fig. 6b. Ansicht gegen die convexe Fläche einer Kammerwand. Taf. VI. Fig. 3a. Ansicht eines gekrümmten Stückes von der Seite. Fig. 3b dasselbe gegen die Rückenseite gesehen. Fig. 3c. Ansicht gegen eine Kammerwand mit dem Querschnitte des Sipho.

ORTHOCERAS DUPLEX. Taf. VII. Fig. 2a, 2b.

Orthoceratites duplex. Wahlenberg in: Acta Upsal. VIII, 86 (1821).

Von diesem bekannten Leitfossil des Orthoceren-Kalkes haben sich bei Sadewitz fünf unvollständige Exemplare gefunden. Friedr. Schmidt (a. a. O. pag. 197), nachdem er die Art als ein in den Schichtenfolgen (1a) und (1b) in Ehstland verbreitetes Fossil angeführt hat, bemerkt, dass in der Lyckholm'schen Schicht (2a) eine nahe verwandte Form gefunden worden, welche durch dickeren, die Hälfte des Kammerdurchmessers einnehmenden Sipho und flachere Wölbung der Kammerwände von der Hauptform verschieden sei. Bei den Sadewitzer Exemplaren sind diese Unterschiede von der Hauptform nicht durchgreifend nachweisbar, denn wenn auch bei dem grössten der vorliegenden Exemplare die Dicke des Sipho dem halben Durchmesser der Schale gleichkommt, so beträgt dagegen bei anderen Exemplaren die Dicke des Sipho kaum ein Drittel des Schalendurchmessers.

Erklärung der Abbildungen: Fig. 2a. Ansicht des grössten der vorliegenden Exemplare in natürlicher Grösse von der Seite. Fig. 2b. Ansicht der convexen Fläche einer Kammerwand mit dem Querschnitte des Sipho.

ORTHOCERAS VAGINATUM. Taf. VII. Fig. 1a, 1b.

Orthoceratites vaginatus. Schlotheim in: Mineralog. Taschenb. VII, pag. 69 (1813).

Von dieser wohl bekannten, durch den grossen seitlichen Sipho mit *Orth. duplex* verwandten, aber durch die wellig gebogenen, fein gestreiften Querfalten ausgezeichneten Art liegen drei Bruchstücke vor. Mit dem grössten derselben ist ein kleines Exemplar von *Proetus rebulatus* verwachsen, zum sicheren Beweise, dass die Art wirklich zu unserer Fauna gehört. Schlotheim und spätere Autoren haben die Art aus dem eigentlichen Orthoceren-Kalke beschrieben. Auch Fried. Schmidt kennt sie in Ehstland nur aus diesem Niveau und nicht aus demjenigen unserer Fauna.

Erklärung der Abbildungen: Fig. 1a. Ansicht eines als Steinkern erhaltenen Fragmentes in natürlicher Grösse von der Seite. Fig. 1b. Ansicht der convexen Fläche einer Kammerwand mit dem Querschnitte des Sipho.

PHRAGMOCERAS RECTISEPTATUM n. sp. Taf. VI. Fig. 4a, 4b.

Die Art lässt deutlich die der Gattung *Phragmoceras* zustehenden Merkmale wahrnehmen. Der nur allein bekannte gekammerte Theil des Gehäuses ist kegelförmig und mässig gekrümmt wie ein Horn. Der Querschnitt ist elliptisch und zwar so, dass der breite Theil der Ellipse der convexen oder Rückenseite des Gehäuses entspricht. Der Sipho liegt hart an der ventralen, der concaven Seite der Krümmung zugewendeten Wand des Gehäuses und ist so gross, dass sein Durchmesser mehr als ein Drittheil des Durchmessers des ganzen Gehäuses beträgt. Derselbe erscheint aus lauter flachen Scheiben, die am Umfange ringförmig vortreten, und welche sehr schief auf der Aussenwand des Gehäuses stehen, zusammengesetzt. Jede Scheibe des Sipho entspricht einer Kammer des Gehäuses und die Kammerwände sind daher sehr genähert. In dem breiteren Theile des Gehäuses beträgt der Abstand von zwei benachbarten Kammern kaum 4 millim. Die Scheiben des Sipho werden immer von zwei Kammerwänden umfasst.

Die Art ist weniger gekrümmt als *Phragmoc. ventricosum Sow.* und die Kammerwandnähte zeigen nicht die starke Inflexion auf den Seitenflächen des Gehäuses wie bei der genannten Englischen Art, sondern verlaufen fast gerade quer über die Seiten.

Friedr. Schmidt (a. a. O. S. 202) führt unter der Benennung *Phragmoceras sphyns* eine neue Art der Gattung auf, welche in der Lyckholm'schen Schicht (2a) in Ehstland sehr verbreitet sein soll. Das Vorkommen und manche der als bezeichnend angegebenen Merkmale sprechen für die Identität dieser Ehstländischen Art mit der unsrigen. Allein die Angaben, dass die Bauchseite des Gehäuses scharf gekielt sei und der Verlauf der Kammerwandnähte mit demjenigen bei *Phragmoc. ventricosum* übereinstimme und nur an der Bauchbreite stärker gegen die Mündung gewendet sei, passen nicht zu der Sadewitzer Art.

Vorkommen: Es liegen zwei Exemplare von ungefähr gleicher, drei Zoll betragender Länge vor. Keines von beiden ist vollständig, sondern beide stellen nur den gekammerten Theil des Gehäuses dar und die Wohnkammer fehlt. Auch die Schale selbst ist bei beiden Exemplaren verschwunden. Das eine der beiden Exemplare ist fast in der Mittelebene durchbrochen und lässt so den Verlauf der Kammern im Inneren und die Form des grossen aus flachen Scheiben bestehenden Sipho wahrnehmen.

Erklärung der Abbildungen: Fig. 4 a giebt die Ansicht des einem der beiden vorliegenden Exemplare von der Seite. Die untere Hälfte ist in der natürlichen Wölbung erhalten. Die obere Hälfte des Stückes ist in der Mittelebene halbirt. Nur der Sipho steht mit seiner Wölbung über die Schnittfläche vor. Fig. 4 b. Ansicht der concaven Fläche einer Kammerwand mit dem Querschnitte des Sipho.

LITUITES ANTIQUISSIMUS. Taf. VI. Fig. 2 a—g.

1840 *Clymenia antiquissima.* Eichwald: Silur. Schichtensystem in Ehstland. pag. 115.
1842 — — Urwelt Rusal. Heft II. pag. 83. Tab. III. Fig. 16, 17.
1843 — — M. V. K. Russia II. pag. 561.
1845 *Lituites angulatus.* Hermann: Ueber die Nautiliden in. Petersburg. III. pag. 109. tab. XXI. fig. 1 a—d.
1855 *Trochoceras antiquissima.* M'Coy. Brit. Palaeoz. foss. pag. 323. tab. II. fig. 26. (?)
1858 *Lituites. Trocholithus antiquissimus.* Friedr. Schmidt: Untersuch. über der Schr. Form. von Ehstland. pag. 202.

Das Gehäuse bildet eine dicke, am Umfange senkrecht abfallende Scheibe und besteht aus drei an einander liegenden Umgängen und einer, nur durch einen sehr schmalen Zwischenraum von dem letzten Umgange abstehenden kurzen Wohnkammer. Der Querschnitt der Umgänge ist subquadratisch, jedoch so, dass die dem Rücken und der Bauchseite entsprechenden Seiten des Vierecks etwas länger, als die den Seitenflächen der Umgänge entsprechenden Seiten. Der Rücken ist ganz flach, die Seitenflächen der Umgänge sind wenig gewölbt. Der quadratische Querschnitt tritt jedoch erst bei den äusseren Umgängen deutlich hervor. Die beiden innersten Umgänge, mit welchen die Schale anfängt zu wachsen, sind fast drehrund und auf den Seiten nicht minder, als auf dem Rücken gewölbt. Der Sipho liegt hart an der Bauchseite und ist von mässiger Grösse. Die Kammerwände stehen so genähert, dass 3,5 derselben auf einen der äusseren Umgänge kommen. Dabei ist der Abstand der Kammerwände fast gleich gross und nur sehr allmählich nimmt die Breite der Kammern gegen den folgenden Umgang hin zu. Die Nähte der Kammerwände beschreiben auf den Seitenflächen der Umgänge einen flachen, mit der Convexität nach rückwärts gewendeten Bogen, erreichen auf den stumpfen, rechtwinkeligen Kanten zwischen den Seitenflächen und dem Rücken den am weitesten nach vorwärts gerückten Punkt und senken sich dann auf dem Rücken wieder zu einem ähnlichen flachen nach rückwärts gewendeten Bogen, wie auf den Seitenflächen ein. Die hin und wieder erhaltene Schale zeigt auf der Oberfläche eine aus dichtgedrängten, scharfen Anwachslinien bestehende Skulptur. Die Linien sind auf den Seiten stark nach rückwärts gewendet und beschreiben einen nach vorn convexen, flachen Bogen, laufen unter Beibehaltung derselben Richtung über die Kanten zwischen Seitenflächen und Rücken fort, und senken sich auf der Mitte des Rückens zu einem tiefen Sinus ein. Der Sinus, welchen die Linien auf dem Rücken beschreiben, ist viel tiefer, als derjenige der darunter befindlichen Kammerwandnähte und diese werden daher schief von den Linien geschnitten. Auf den Seitenflächen des Gehäuses ist der Verlauf der Anwachslinien noch weniger demjenigen der Kammerwandnähte entsprechend, denn während die ersteren eine nach vorn convexe Krümmung zeigen, so beschreiben die Kammerwandnähte einen nach vorn concaven Bogen. Bei gewissen Exemplaren, bei denen in ganz eigenthümlicher Art die Schale selbst grösstentheils verschwunden und nur die oberste Schalschicht mit der Skulptur der Oberfläche dem Steinkerne unmittelbar anliegend sich erhalten hat, ist dieses Verhalten der Anwachsstreifen gegen die Kammerwände, welche durch die dünne Schalfläche hindurch erkennbar sind, deutlich wahrzunehmen. Nicht immer besteht nun aber die Skulptur der Oberfläche in einfachen Anwachslinien, sondern zuweilen erheben sich die Linien zu deutlich abstehenden und zugleich wellenförmig hin und hergebogenen, niedrigen Lamellen, oder endlich die Schale erhebt sich sogar zu dicken Wülsten mit scharfkantigen Leisten. Auf den ersten Anblick erscheinen Exemplare mit dieser letzteren Skulptur von den Exemplaren mit einfachen Anwachsstreifen so sehr verschieden, dass man sie kaum für derselben Art angehörend halten würde, wenn nicht die vollständigsten Uebergänge zwischen beiden Formen gefunden würden.

Wenn bei mehreren der vorliegenden Exemplare das Gehäuse aus drei bis vier sich berührenden Umgängen besteht und dieses Verhalten als das normale gelten darf, so ist auch ein Exemplar vorhanden, bei welchem ganz abweichend das Gehäuse aus wenig mehr als einem einzigen Umgange besteht und in der Mitte der Scheibe eine durchgehende, grosse, runde Oeffnung, wie bei manchen Nautilus-Arten des Kohlenkalkes, bleibt. Dieses Exemplar ist das Fig. 2 a abgebildete. Das Gehäuse beginnt hier mit einem dünnen conischen Ende, welches aber rasch an Dicke zunimmt und erst bei einer Länge von 1½ Zoll die allmähliche Wachsthumszunahme des Gehäuses annimmt. Obgleich das äusserste Ende dieses Anfangsstückes durch künstliche Bearbeitung etwas entstellt ist, so wird doch durch die Art der Krümmung und die Richtung der Anwachsstreifen auf der übrigen Oberfläche des Stückes, die etwaige Vermuthung, dass nur zufällig die inneren Umgänge zerstört und so die mittlere Oeffnung entstanden sei, ganz bestimmt beseitigt. Zugleich ist dieses Exemplar eines der wenigen unter den vorliegenden, an welchem die Wohnkammer erhalten ist. Durch die Naht der letzten Kammerwand und durch die scharfbegrenzte Mündung ist dieselbe in ihrer Ausdehnung deutlich bezeichnet. Ihre Länge beträgt 4 Zoll und ihre Krümmung ist fast dieselbe, wie diejenige des gekammerten, zunächst vorhergehenden Schalentheiles, so dass der Abstand von dem vorhergehenden Umgange auch nur ein sehr geringer ist und an der Mündung kaum 3 millim. beträgt. Auf diese Weise würde unter der Voraussetzung, dass das fragliche Exemplar völlig ausgewachsen ist, diese Art einen gerade gestreckten Schaltheil, wie er den typischen Arten der Gattung zusteht, gar nicht besitzen. Bei einem anderen wahrscheinlich noch vollständiger ausgewachsenen Stücke ist die Form der Mündung noch deutlicher zu erkennen. Unmittelbar vor derselben verengt sich die Wohnkammer plötzlich und erscheint namentlich von den Seiten zusammengedrückt. So ist denn auch die Mündung selbst bedeutend höher als breit, dem Verlaufe der Anwachsringe entsprechend bildet sie auf dem Rücken einen stark rückwärts gewendeten Sinus und, was jedoch nicht völlig deutlich wahrzunehmen ist, einen ähnlichen auf der Bauchseite.

Mit der bisher beschriebenen typischen Form zusammen findet sich nun auch noch eine andere auf den ersten Blick sehr abweichende. Die Umgänge sind bei dieser Form nicht subquadratisch im Querschnitt, sondern gerundet, etwas höher, als breit und die Oberfläche der Schale glatt. Allein andererseits ist die Lage des Sipho hart an der Bauchseite, der Verlauf der Kammerwandnähte und die Kurve des nicht gekammerten Schalentheiles völlig übereinstimmend und auch rücksichtlich der Form des Querschnitts und der Skulptur der Oberfläche scheinen Uebergänge zu der Hauptform hin stattzufinden. Ich halte deshalb diese

Form trotz ihres so sehr verschiedenen äusseren Ansehens nur für eine Varietät der Hauptform. Uebrigens ist dieselbe viel seltener wie die Hauptform und es liegen nur 5 Exemplare derselben vor.

Eichwald hat unter der Benennung *Clymenia antiquissima* unsere Art zuerst aus Unter-Silurischen Schichten der Insel Dagö kennen gelehrt. Die sehr kenntliche Abbildung stellt ein Exemplar der sehr stark gerippten Form dar. Die Unbekanntschaft mit dem gestreckten Schalentheile wurde Veranlassung, die Art zu *Clymenia* zu stellen. Auch E. de Verneuil rechnet sie noch zu dieser Gattung. Erst Friedr. Schmidt hat das Ehstländische Fossil mit Recht zur Gattung *Lituites* gebracht. Inzwischen hatte Saemann aus dem schwarzen Silurischen Kalke von Brevig, d. i. genauer gesagt, der Halbinsel Herö zwischen Brevig und Porsgrund, unter der Benennung *Lituites angulatus* das gleiche Fossil beschrieben. Ziemlich zahlreiche Exemplare der Art, welche ich selbst vor einigen Jahren auf der Halbinsel Herö sammelte, stimmen vollständig mit Exemplaren von Sadewitz überein. Ausser der gewöhnlichen Form mit blos gestreifter Oberfläche der Schale findet sich auch wie bei Sadewitz eine scharf gerippte Form. Die Dimensionen sind auch keineswegs immer so gering, wie in dem von Saemann abgebildeten Exemplare, sondern kommen zuweilen völlig denjenigen der gewöhnlichen Sadewitzer Form gleich, ja, ein mir vorliegendes Stück von Herö übertrifft selbst die grössten Sadewitzer Exemplare, indem die Höhe des letzten Umganges 1 Zoll 7 Linien, die Breite 1 Zoll 6 Linien beträgt. Bei diesem grossen Exemplare ist der Querschnitt auf das Vollkommenste rechtwinkelig. Kjerulf und T. Dahll (Geologie des südlichen Norwegens. Christiania 1857. pag. 120) führen die Art von Herö unter der Benennung *Trocholites anguiformis* auf. In der That halte ich es nach den Beschreibungen von Salter und M'Coy für sehr wahrscheinlich, dass *Trocholites anguiformis* den englischen Autoren mit *Lituites antiquissimus* identisch ist, wage aber bei dem Mangel authentischer englischer Exemplare mich nicht völlig bestimmt darüber auszusprechen.

Vorkommen: Die Art ist das häufigste *Cephalopod* der ganzen Fauna. Mehr als 50 Exemplare liegen vor. Davon sind freilich die meisten blosse Bruchstücke. Jedoch befinden sich auch einige vollständige Exemplare darunter. Die meisten Stücke sind nur als Steinkerne erhalten. Bei einigen ist jedoch auch die Schale selbst vorhanden. Viele Stücke endlich haben die eigenthümliche Erhaltung, dass zwar die Schale selbst grösstentheils verschwunden ist, dennoch aber deren Oberflächen-Skulptur unmittelbar auf dem Steinkerne aufliegt.

In Ehstland gehört die Art nach Friedr. Schmidt zu der bezeichnendsten Art der Lyckholm'schen Schicht (2 a). Sie gehört also zu denjenigen Arten, welche vorzugsweise die Gleichheit des geognostischen Niveaus der Sadewitzer Geschiebe und der Lyckholm'schen Schicht in Ehstland erweisen. Uebrigens soll sie sich an einem Punkte nach Fr. Schmidt auch in dem zunächst höheren Niveau (3) in Ehstland finden. Dass sie auch in dem schwarzen Kalke der Halbinsel Herö bei Porsgrund häufig ist, wurde oben erwähnt. Ist wirklich *Trocholites anguiformis* mit unserer Art identisch, so würde sie nach Salter in England in den Coradoc- oder Bala-Schichten vorkommen. Vielleicht ist es auch dort ein Niveau, welches der Lyckholm'schen Schicht entspricht.

Erklärung der Abbildungen: Fig. 2a stellt das grösste der vorliegenden Exemplare in natürlicher Grösse dar. Dasselbe besteht nur aus zwei Umgängen und in der Mitte der Scheibe bleibt ein grosses, kreisrundes

Loch. Das ziemlich rasch sich zuspitzende Ende des inneren Umganges ist auf der Oberfläche nicht so vollständig erhalten, dass die Möglichkeit, es habe sich das Ende noch etwas weiter nach innen verlängert, ausgeschlossen wäre. Aber in keinem Falle sind noch mehrere Umgänge vorhanden und die innere Oeffnung ganz geschlossen gewesen. Gerade an dem Punkte des äusseren Umganges, wo die letzte Kammerwandnaht bemerklich ist und wo also die Wohnkammer beginnt, fängt auch der letzte Umgang von dem vorhergehenden sich loszutrennen und frei zu werden an. Die Trennung ist aber eine so allmähliche, dass am Ende der 3½ Zoll langen Wohnkammer der Abstand kaum 4 millim. beträgt. Die Mündung der Wohnkammer ist vollständig erhalten und entspricht in ihrer Form dem Verlaufe der Anwachsringe auf der Oberfläche der Umgänge. Unmittelbar vor der Mündung ist die Wohnkammer merklich eingeschnürt. Die Erhaltung des Stücks ist von der eigenthümlichen Art, dass zwar die Schale selbst grösstentheils verschwunden, dennoch aber deren äussere, aus scharfen stark nach rückwärts gewendeten Anwachslinien bestehende Skulptur dem Steinkern unmittelbar aufliegend sich erhalten hat. Durch die Anwachsstreifen der Oberfläche hindurch sind die Nähte der Kammerwände erkennbar. — Auf einer diesem Exemplare beigefügten Etiquette findet sich die handschriftliche Bemerkung Oswald's, dass dieses Stück durch seine vorzügliche Erhaltung und auffallende Gestalt für ihn die Veranlassung wurde, den Einschlüssen der Badewitzer Geschiebe überhaupt seine Aufmerksamkeit zuzuwenden und dieselben zu sammeln. Fig. 2b stellt ein Exemplar mit zum Theil erhaltener Schale dar. Der gestreckte ungekammerte Theil des Gehäuses fehlt. Fig. 2c. Ansicht eines Stücks des letzten Umgangs eines anderen Exemplars gegen die Rückenseite gesehen. Die Erhaltungsart ist auch hier diejenige wie bei dem Stücke 2a, so dass, obgleich die Schale selbst verschwunden, die scharfen Anwachsstreifen der äusseren Schalen-Skulptur unmittelbar dem Steinkern aufliegend sich erhalten haben. Unter diesen Anwachsstreifen sind die Nähte der Kammerwände erkennbar. Fig. 2d ein Stück eines Umganges in der Mittelebene getheilt, um die ventrale Lage des Sipho zu zeigen. Die Theilungsebene hat den Sipho nicht berührt, sondern dieser tritt mit seiner Wölbung über die Theilungsebene hervor. 2e Ansicht gegen die concave Fläche einer Kammerwand mit dem Querschnitt des Sipho. Fig. 2f ein Stück eines Umgangs von einer Varietät mit starken Rippen und scharfen blattförmig abstehenden Anwachsstreifen von der Seite. Fig. 2g ein eben solches Stück gegen die Rückenseite gesehen.

XL. TRILOBITAE.

—

ISOTELUS DOMESTICUS n. sp. Taf. VIII. Fig. 1.

Asaphus platycephalus bei Nieszkowsky: Monogr. der le der Siluc. Prov. der Ostsee-Prov. vork. Trilobiten pag. 37. (non Stokes?)
— — Schmidt: Untern. über die Silur. Form. von Ehstl. etc. pag. 155.

Die breite gedrungene Gestalt und die verhältnissmässig grosse Breite des mittleren durch die Dorsal-Furchen begrenzten Körpertheils zeichnet diese Art vor anderen in den Silurischen Gesteinen des nördlichen Europas vorkommenden Trilobiten aus der Verwandschaft der Gattung *Asaphus* gleich auf den ersten Blick auffallend aus. Jeder der drei Haupttheile des Körpers, Kopf, Rumpf und Schwanz, ist entschieden breiter als lang. Das Kopfschild hat einen halbkreisförmigen Umriss und eine mässig convexe Wölbung. An dem der Beschreibung vorzugsweise zu Grunde liegenden Exemplare ist dasselbe durch Quetschung entstellt. Die drei Stücke, aus denen es zusammengesetzt ist, haben sich nämlich nach den Nähten getrennt und erheblich gegen einander verschoben. Dies hindert jedoch nicht, die normale Form des Kopfschildes sicher zu erkennen. Die Gesichtsnähte oder Suturen verlaufen von den Augen ausgehend einer Seite stark divergirend nach hinten und überschreiten den Hinterrand zwischen den Dorsal-Furchen und den anscheinend ganz gerundeten Hinterecken des Kopfschildes; anderer Seite verlaufen sie ebenfalls etwas divergirend nach vorn, biegen sich dann aber dicht vor Erreichung des Stirnrandes plötzlich in fast rechtem Winkel um und laufen nun dem Stirnrande ganz genähert und nur durch einen ganz schmalen Zwischenraum davon getrennt zusammen, um sich endlich in der Mitte des Stirnrandes unter einem ganz stumpfen Winkel (etwa 160°) zu vereinigen. Durch diesen Verlauf der Nähte erhält die vordere Hälfte des Mittelschildes (*scutum centrale*) eine subquadratische Gestalt, welche von der zugespitzten Form dieses Theils bei den meisten Arten der Gattung *Asaphus* mit ihren Untergattungen sich auffallend unterscheidet. Die nierenförmigen Augen sind ziemlich gross und vorragend. Sie sind aus einer ausserordentlich grossen Zahl äusserst feiner Linsen zusammengesetzt. Durch die angefeuchtete und damit durchscheinend gemachte Hornhaut hindurch kann man mit einer scharfen Loupe die senkrechten Reihen der Linsen erkennen. Jede der Reihen enthält wenigstens 100 einzelne Linsen und mindestens 100 solcher Reihen sind in jedem Auge vorhanden. Hinter jedem Auge befindet sich dem Hinterrande des Kopfschildes genähert in der Richtung der Dorsal-Furchen ein rundlicher Eindruck.

Der Rumpf besteht aus 8 anscheinend ganz gleichen Segmenten. Der durch die Dorsal-Furchen begrenzte mittlere Theil des Rumpfes oder die Spindel ist bedeutend breiter, als jeder der durch die Pleuren gebildeten Seitenlappen und bei dem fast völlig parallelen Verlaufe der Dorsal-Furchen ist die Spindel in ihrer ganzen Ausdehnung von fast ganz gleicher Breite. Der Spindelring oder mittlere Theil jedes einzelnen Segmentes stellt eine einfache gleich breite, kaum nach vor gekrümmte ebene Lamelle dar. Wenigstens erscheint er so in der Erhaltung des einzigen, vorliegenden Exemplars, bei welchem lediglich der Abdruck der Unterseite dieser Spindelringe vorhanden ist. Die Wölbung der Spindelringe ist nur eine sehr mässige. Die Pleuren, von gleicher Breite wie die Spindelringe, erstrecken sich anfangs horizontal fort, dann aber biegen sie sich plötzlich mit starkem Winkel nach abwärts und schärfen sich zugleich zu einer nach vorn schneidigen Lamelle zu, welche sich beim Einrollen des Körpers unter diejenige des vorgehenden Segmentes schiebt. Gerade am Ursprunge d. i. in der Dorsal-Furche zeigt jede Pleura eine rundliche Vertiefung, welcher eine knopfförmige Vorragung auf der Unterseite der Pleura selbst entsprechen muss. Es ist nämlich zu bemerken, dass auch die Pleuren nur in der Form des Abdrucks der unteren Fläche erhalten sind. Allein an den unteren Enden der Pleuren ist auch die Schale selbst erhalten.

Das Schwanzschild (*pygidium*) ist von abgerundet dreieckiger Gestalt und sehr viel breiter als lang, indem die Breite 80 millim., die Länge nur 46 millim. beträgt. Es ist gleichmässig flach gewölbt und nur ganz undeutlich durch sehr seichte Furchen und kaum erkennbare eingedrückte Punkte auf der Oberfläche eine nach hinten sich rasch verengende und vor dem hinteren Ende des Schwanzschildes verschwindende Achse angedeutet. Auf der Oberfläche der Schale selbst ist diese Achse vielleicht etwas deutlicher ausgesprochen. An dem vorliegenden Exemplare ist die Erhaltung des Schwanzschildes so, dass die obere Schicht der Schale fehlt und die kalkige Ausfüllungsmasse zwischen den beiden Schalschichten den beiden Schalschichten die Oberfläche bildet. Die Dicke der Ausfüllungsmasse zwischen den beiden Schalschichten beträgt 1 bis 2 millim. Am dicksten ist sie in der Nähe des vorderen Randes. An dem hinteren Theile des Schwanzschildes ist auf eine gewisse Erstreckung auch die Ausfüllungsmasse und die untere Schalschicht selbst weggebrochen worden und hier sind dann die Abdrücke der scharfen feinen Linien sichtbar, wie sie auf der Unterseite des Schwanzschildes bei vielen Arten der Gattung *Asaphus* und ihrer Verwandten gefunden werden.

Vergleicht man nun den im Vorstehenden beschriebenen Trilobiten mit der typischen Art des Geschlechts, dem *Isotelus gigas* aus dem Trenton-Kalke Nordamerikas, so zeigt sich zwar eine entschiedene Uebereinstimmung der generischen Merkmale, namentlich der unvollkommenen Gliederung des Schwanzschildes, der Bildung der Rumpf-Segmente und des Verlaufes der Gesichtsnähte, aber ebenso bestimmt treten auch die specifischen Unterschiede hervor. Die allgemeine Körperform des *Isotelus gigas* ist entschieden schlanker, als diejenige der Art von Sadewitz und namentlich sind Kopf- und Schwanzschild verhältnissmässig länger und mehr zugespitzt. Auch der Winkel, unter welchem die Gesichtsnähte vorn an der Stirn zusammenlaufen, ist sehr verschieden. Bei der Amerikanischen Art laufen die Gesichtsnähte unter einem Winkel von etwa 90° oder wenig mehr, zusammen, bei der Sadewitzer Art dagegen bilden sie einen sehr stumpfen Winkel von 160° bis 165°. Wenn man auf dem Schwanzschilde von *Isotelus gigas* bei sehr guter Erhaltung auch eine

Andentung von Rippen auf den Seitenlappen wahrnimmt, so kann das nicht ohne Weiteres als ein fernerer Unterschied gelten, da, wenn die obere Schalschicht erhalten ist, vielleicht auch bei unserer Art etwas Aehnliches vorhanden ist.

Niesskowsky und Friedr. Schmidt führen unter der Benennung *Asaphus platyurphalus* Stokes (*Isotelus gigas* Dekay) eine Art aus Unter-Silurischen Schichten Ehstlands auf, welche wahrscheinlich mit der hier beschriebenen identisch ist. Die Art wird von Friedr. Schmidt auch aus dem entsprechenden Niveau, nämlich der Lyckholm'schen Schicht (2 a), ausserdem freilich auch aus (?) und (1 h) angeführt. Es darf jedoch nicht unerwähnt bleiben, dass die Angaben in Niesskowsky's Beschreibung, derzufolge die Spindel fast cylindrisch und die Dorsalfurchen nur schwach angedeutet sein sollen, nicht zu unserer Art passen. Vielleicht hat die Unvollständigkeit der Exemplare zu einer irrthümlichen Auffassung Veranlassung gegeben.

In Skandinavien scheint die Art nicht vorzukommen. Wenigstens führt Angelin nichts Aehnliches auf.

Vorkommen: Nur ein einziges ganzes Exemplar liegt vor. Dasselbe ist in allen wesentlichen Theilen vollständig. Nur das Kopfschild ist durch Vordrückung, welche eine Trennung nach den Nähten und eine Verschiebung der Seitenschilder (*scuta marginalia*) gegen das Mittelschild (*scutum centrale*) zur Folge gehabt hat, entstellt, jedoch nicht in dem Maasse, dass die normale Gestalt des Kopfschildes nicht leicht wieder rekonstruirt werden könnte. Ausserdem fehlt fast überall die obere Schalschicht und nur die untere Schalschicht nebst der kalkigen Ausfüllung des dünnen Zwischenraums zwischen den beiden Schichten ist erhalten. Auch dieser Umstand verhindert jedoch nicht, alle wesentlichen Merkmale der Species aufzufassen. Das Gestein, von welchem das Stück umschlossen wird, ist ein weisser, oder ganz hellgrauer kompakter Kalkstein, mit dünnem gelben Ueberzuge von Eisenoxydhydrat auf den zahlreichen Kluftflächen, von denen er durchsetzt ist. Der äusseren Verschiedenheit von dem gewöhnlichen Sadewitzer Gestein ungeachtet, gehört er doch in das wesentlich gleiche geognostische Niveau, wie dieses, denn andere Handstücke desselben umschliessen, neben dem in dem typischen Gesteine allerdings nicht beobachteten *Pentamerus lynx*, die gewöhnlichen Brachiopoden der Sadewitzer Fauna. — Ein unvollständiges Kopfschild unseres Trilobiten liegt übrigens auch noch aus dem gewöhnlichen grauen Kalksteine vor.

Erklärung der Abbildung: Fig. 1 stellt die Art in gestreckter Lage, übrigens aber in der Erhaltung, in welcher sie in dem einzigen Exemplare vorliegt, in natürlicher Grösse dar. Die obere Schalschicht fehlt und die Oberfläche wird durch die Ausfüllung zwischen den beiden Schalschichten gebildet. Am hinteren Theile des Schwanzschildes fehlt auch die untere Schalschicht und es werden hier die Abdrücke der feinen dem Aussenrande fast parallelen Linien von der unteren Fläche dieser unteren Schalschicht sichtbar.

ASAPHUS EXPANSUS. Taf. VIII. Fig. 5.

Asaphus expansus. Dalman: Palaead. pag. 44. tab. III. fig. 3.
Asaphus nasutps Brongniart: Crustac. foss. pag. 18. tab. II. fig. 1. tab. IV. fig. 10.

Diese wohlbekannte *Trilobiten*-Art des Unter-Silurischen Orthoceren-Kalkes in Schweden und Russland ist auch ein Mitglied unserer Fauna. Es liegen mehrere vollständige Exemplare vor, welche durchaus mit der typischen Skandinavischen und Russischen Form übereinstimmen, und deren Versteinerungsmasse durchaus der gewöhnliche Kalkstein der Sadewitzer Geschiebe ist. Friedr. Schmidt und Nieszkowsky führen die Art nur aus dem Orthoceren-Kalke auf. Es wäre auffallend, wenn sie nicht auch in Ehstland in das höhere Niveau der Lyckholm'schen Schichten hinaufstiege.

Vorkommen: Es liegen 8 Exemplare vor.

Erklärung der Abbildung: Fig. 5 giebt die Ansicht des Kopfschildes in natürlicher Grösse. Diese Abbildung ist hier lediglich gegeben worden, um gleich bei der Betrachtung der Tafel an das Vorkommen der Art erinnert zu werden. Eine vollständige Darstellung einer so wohlbekannten Art wäre nutzlos gewesen.

ILLAENUS GRANDIS n. sp. Taf. VIII. Fig. 4.

Nur das Schwanzschild und Theile des wahrscheinlich dazu gehörigen Kopfschildes liegen vor. Das Schwanzschild ist zunächst durch die bedeutende Grösse vor anderen bekannten Arten des Geschlechts ausgezeichnet. Das besterhaltene der vorliegenden Exemplare misst 2½ Zoll in der Breite und 1 Zoll 10 Linien in der Länge. Demnächst ist der Vorderrand des Schwanzschildes bemerkenswerth. Derselbe bildet keineswegs eine gerade Linie. Der mittlere Theil springt in flacher Krümmung nach vorn hin vor. Zu jeder Seite verläuft dann der Rand eine kurze Strecke fast gerade und horizontal fort, bildet eine sehr merkliche, vorspringende Ecke und wendet sich dann sehr schief nach hinten. Die Wölbung der Oberfläche ist bedeutend und beträgt bei dem abgebildeten Exemplare ½ Zoll an dem höchsten Punkte. Sie ist ganz gleichmässig und namentlich ist von einer mittleren Achse Nichts wahrzunehmen.

Ich habe diese Schwanzschilder keiner der bekannten Arten der Gattung zurechnen zu können geglaubt und habe deshalb eine neue Art dafür errichtet. Die vollständige Abwesenheit der mittleren Achse verbietet namentlich, sie zu *Illaenus crassicauda* zu ziehen, selbst wenn man von dem bedeutenden Grössen-Unterschiede absehen wollte. *Dysplanus centaurus* Angelin und *Dysplanus centrotus* Burmeister von der Insel Oeland haben nach den Beschreibungen und Abbildungen von Dalman und Angelin Schwanzschilder von ähnlicher Grösse und Form, aber auch hier soll eine, wenn auch kurze Achse bestimmt vorhanden sein, die den hier zu beschreibenden *Pygidien* entschieden fehlt. Ich habe jedoch durch Angelin unter der Benennung *Dysplanus centaurus* ein *Pygidium* von der Insel Oeland erhalten, welchem die Achse fehlt, und welches vollständig mit den *Pygidien* von Sadewitz übereinkommt. Sollte vielleicht bei der genannten Art von *Dysplanus* die Achse individuell ganz verschwinden können, oder liegt bei der Bestimmung jenes Exemplars irgend ein Irrthum zu Grunde. In jedem Falle ist die Art von Sadewitz auch auf Oeland vorhanden.

Vorkommen: Es liegen 4 Exemplare des Schwanzschildes und 2 fragmentarische Stücke des Kopfschildes vor. Friedr. Schmidt (a. a. O. pag. 190) bemerkt: „In der Schicht (2) und (2 a) kommen sehr grosse, dem *I. crassicauda* ähnliche Formen vor; in der Borkholmer Schicht ganz kleine. Alle sind bisher leider zu unvollständig." Vielleicht ist die erwähnte grosse Form mit der vorstehend beschriebenen Art von Sadewitz identisch.

Erklärung der Abbildung: Fig. 4 stellt das am besten erhaltene Exemplar der vorliegenden Schwanzschilder in natürlicher Grösse dar.

ILLAENUS CRASSICAUDA. Taf. VIII. Fig. 3.

Entomostracites crassicauda. Wahlenberg.
Asaphus (Illaenus) crassicauda. Dalman.

Diese wohlbekannte Trilobiten-Art findet sich in völlig mit der typischen Schwedischen und Russischen Form übereinstimmenden Exemplaren auch bei Sadewitz. Zugleich kommen aber auch kleinere Exemplare vor, welche sich durch eine viel geringere Wölbung des Kopf- und Schwanzschildes, namentlich des letzteren, ferner durch das Fehlen einer deutlich begrenzten Achse auf dem Schwanzschilde unterscheiden. Niesz-kowsky (a. a. O. pag. 71) bemerkt ganz ähnlich zu dem Vorkommen des *Illaenus crassicauda* in Ehstland: „In den höchsten Unter-Silurischen Schichten findet man zahlreiche Kopf- und Schwanzschilder, die durch relativ breitere Entwickelung, durch ihre geringere Wölbung und durch die Biegung der Dorsalfurchen auf dem Kopfe sich von *Illaenus crassicauda* unterscheiden." Die bei Sadewitz vorkommenden Formen dieser Art betreffend, so halte ich deren specifische Identität mit der typischen Form des *Ill. crassicauda* für unzwei-felhaft, da sich fast vollständige Uebergänge nachweisen lassen.

Vorkommen: Von der Hauptform liegen nur 3 Exemplare vor. Dagegen sind von den kleineren For-men mit den angegebenen Abweichungen eine Menge einzelner Kopf- und Schwanzschilder und auch ein Paar vollständige Exemplare mit der deutlich bestimmbaren Zahl von 10 Rumpf-Segmenten vorhanden. Friedr. Schmidt (a. a. O. pag. 190) kennt die typische Form des *Illaenus crassicauda* in Ehstland nur in seiner Schichtenfolge (I). Nieszkowsky (a. a. O. pag. 71) führt sie auch von Lyckholm, Sutlep, Orrenhof, Wosolberg u. s. w. auf, also aus einem höheren Niveau, welches demjenigen der Sadewitzer Fauna entspricht.

Erklärung der Abbildung: Fig. 3 stellt ein vollständig erhaltenes Exemplar der kleineren Form mit flacherer Wölbung des Kopf- und Schwanzschildes in natürlicher Grösse dar.

CHASMOPS CONICOPHTHALMUS. Taf. VIII. Fig. 2 a, b, c.

1828 *Trilobites conicophthalmus.* Sars et Boeck in Keilhau's Gaea Norwegica p. 154.
1839 *Phacops conophthalmus.* Emmrich: De Trilobitis Diss. p. 31.
— *Phacops Portisi.* Murchison: Sil. Syst. t. 23, f. 9 (nur das Kopfschild).
1840 *Calymene Odini.* Eichwald: Sil. Syst. p. 62.
1841 *Calymene .....* Hisinger: Leth. Suec. Supplem. II contint. p. 4, t. XV. f. 1.
1842 *Calymene Odini.* Eichwald: Urwelt Russl. Heft II, p. 66.
1843 *Phacops conophthalmus.* Burmeister: Organisation der Trilob. p. 109, t. IV, fig. 5, 6 (mala?).
1845 *Calymene Odini.* M. V. K. Russia and the Ural Vol. II, p. 378, tab. 27, fig 8
1846 *Phacops Odini.* Keyserling: Petschora pag. 190.
1847 *Chasmops Odini.* M'Coy: Brit. Paleoz. Foss. p. 164, Pl. I G fig. 22.
— *Phacops conicophthalmus.* Angelin: Palaeontol. Scand. pag. 9, tab. VII, fig. 5, 6.
1852? *Phacops incurvatus* idem Ibidem pag. 9, tab. VII, fig. 1, 2.
— *Phacops macrura* idem ibidem pag. 9, tab. VII, fig. 3, 4.
1855 *Phacops conophthalmus.* Salter in . Memoirs geol. Surv. Dec. VII, pag. 11.
1857 — — Nieszkowsky: Versuch einer Monographie der in den Silurischen Schichten der Ostsee-Provinzen vor-kommenden Trilobiten. (Aus dem Archiv für die Naturkunde Liv-, Ehst- und Kurlands I Ser. Bd. I, pag 92.)

1857 *Chasmops Odini*. Eichwald: Beitrag zur geogr. Verbreit. der foss. Thiere Russlands. Alte Periode p. 714.

1858 *Phacops conophthalmus*. Friedr. Schmidt: Untersuchungen: Ueber die Silurische Formation von Ehstland, Nord-Livland und Oesel. Aus dem Archiv für die Naturkunde Livland's, Kurland's und Ehstland's pag. 1—248 besonders abgedruckt. Dorpat 1858 pag. 187.

1860 *Chasmops coniophthalmus*. Ferd. Roemer: Bericht über eine geologische Reise nach Norwegen im Sommer 1859 in: Zeitschr. der Deutschen geol. Ges. Band XI, 1859, pag. 562.

Nachdem für diese Trilobiten-Art, wie die vorstehende Aufzählung der Synonymen ergiebt, in verschiedenen Gattungen ein Platz gesucht war, hat M'Coy zuerst eine besondere Gattung *Chasmops* für dieselbe errichtet. Er hat das Eigenthümliche der Gattung besonders in einer angeblich sehr zarten und leicht zerstörbaren Beschaffenheit der Augen zu finden geglaubt und sie zunächst mit *Calymene* verglichen. Das ist irrthümlich. Die Gattung ist mit *Phacops* zunächst verwandt und hat sogar diesem letzteren gegenüber nur etwa so viel Anspruch auf Selbstständigkeit wie *Dalmania* und *Cryphaeus* Green (*Pleuracanthus* M. Edwards). Bei einem weniger Arten-reichen Geschlechte, als *Phacops* würde man sich wahrscheinlich damit begnügt haben, eine besondere Sektion für sie zu errichten. Die Haupteigenthümlichkeit besteht in dem Vorhandensein eines einzigen, auf gleicher Höhe mit den vorragenden facettirten Augen stehenden grossen dreieckigen Seitenlappens auf jeder Seite der Glabella, der durch zwei nach innen konvergirende tiefe Furchen begrenzt wird. Die zwei anderen bei *Phacops* normal vorhandenen Seitenlappen sind ganz verkümmert. Der zweite ist nur in der Form eines kleinen rundlichen Knötchens jeder Seits und der dritte in der Gestalt eines schmalen Ringes vor dem Nackenringe vertreten. Die grossen dreieckigen Seitenlappen verleihen dem Kopfschilde einen gleich beim ersten Blick hervortretenden eigenthümlichen Habitus. Form und Grösse der Lappen scheinen nach dem Alter und auch individuell bedeutend zu variiren. Bei alten Individuen verlängern sich die Lappen oft sehr bedeutend in der Richtung der Dorsal-Furchen. Zuweilen werden die Seitenlappen so gross, dass die ganze Glabella Aehnlichkeit mit der Form eines Kreuzes mit kurzen breiten Armen gewinnt. Zwei Arme des Kreuzes werden nämlich durch die Seitenlappen selbst, der dritte durch den Stirnlappen der Glabella und der vierte durch den zwischen den Dorsal-Furchen eingeschlossenen hinteren Theil der Glabella gebildet. Diese Kreuzesform der Glabella erscheint besonders auffallend, wenn die Seitentheile des Kopfschildes zerstört sind und nur der mittlere Theil sich erhalten hat.

Mit *Dalmania* hat *Chasmops* die Verlängerung der Hinterecken des Kopfschildes in lange Hörner gemein. Die Hörner sind aber nicht drehrund, sondern haben die Formen von Lamellen, welche mit ihrer Schneide senkrecht gegen die Hauptebene des Körpers stehen.

Das Schwanzschild zeichnet sich durch Vielgliederigkeit der Achse und der Seitentheile von demjenigen von *Phacops* aus. Bei grossen Exemplaren zählt man 18 Ringe der Achse und 17 Rippen jeder Seits auf den Seitenlappen. Bei ausgewachsenen Exemplaren sind die Rippen ganz flach, glatt und ungetheilt oder nur mit der Andeutung einer feinen mittleren Längsfurche versehen.

Nur eine Art der Gattung ist bis jetzt bekannt. Angelin's *Phacops bucculenta* und *Phacops macrura* halte ich mit Salter und Nieszkowsky nur für Varietäten derselben. Die Zahl der Seiten-Rippen und die ganze Form des Schwanzschildes erkenne ich bei einer grossen Zahl mir vorliegender Exemplare als sehr schwankende Merkmale. Mit Sicherheit kann ich behaupten, dass Angelin's *Phacops coniophthalmus* mit

Eichwald's *Calymene Odini* identisch ist. Durch die genannten Autoren selbst erhaltene Exemplare von Böda an der Nordspitze von Oeland und von Reval in Ehstland stimmen auf das vollständigste überein.

Die geographische Verbreitung der Art ist bedeutend und erstreckt sich über England, Norwegen, Schweden und Russland in anstehenden Schichten und über das ganze Norddeutsche Tiefland als Einschluss in Diluvial-Geschieben. Auf solcher sekundärer Lagerstätte kennt man sie abgesehen von dem Vorkommen bei Sadewitz namentlich von Stettin, von Rostock und von Soran. Das Berliner Museum besitzt Exemplare von Stettin, welche sehr vollständig, auch in der bedeutenden Grösse, mit solchen von Sadewitz übereinstimmen und auch in ein Gestein eingeschlossen sind, welches mit demjenigen der Sadewitzer Geschiebe auffallend übereinkommt. Von Rostock liegen mehrere sehr schöne in einem grünlich grauen Kalksteine eingeschlossene Exemplare vor mir, welche durch Herrn Ludwig Schulze dort gesammelt wurden.

Die vertikale Verbreitung der Art ist ansehnlich. Das Maximum ihrer Entwicklung scheint aber überall in ein Niveau über der Hauptmasse des Orthoceren-Kalkes (Regio V. *Asaphorum* C. von Angelin) zu fallen. So ist es bei Christiania der Fall, wo die Art nach Kjerulf zwar auch in dem Orthoceren-Kalkstein vorkommt, viel häufiger aber in der aus Thonschiefern und Mergeln mit Kalknieren bestehenden Schichtenfolge über dem Orthoceren-Kalke, welche Kjerulf unter der Benennung „Oscarshall-Gruppe" zusammenfasst und welche das zunächst über dem Orthoceren-Kalk folgende Glied in den Umgebungen von Christiania bildet. Auch auf der Insel Oeland scheint die Art vorzugsweise über der Hauptmasse des Orthoceren-Kalkes zu liegen. Nach Angelin wird sie nämlich dort vorzugsweise in lose umherliegenden Blöcken gefunden, deren Gestein von höheren auf der Insel anstehend nicht mehr vorhandenen Schichten herrührt. In Ehstland würde der Art nach Fr. Schmidt eine besonders grosse verticale Verbreitung zustehen. Gewiss ist aber, dass sie auch dort bedeutend über die Hauptmasse des Orthoceren-Kalkes hinansteigt. Mit diesem Verhalten in anderen Gegenden ist demnach das Auftreten der Art in den Geschieben bei Sadewitz im Einklange, da dieselben bekanntlich dem Inhalte ihrer ganzen Fauna nach bestimmt einem geognostischen Niveau über dem Orthoceren-Kalke angehören, welches genau demjenigen der sogenannten „Lyckholm-Schichten" in Ehstland entspricht.

Vorkommen: Die Art ist der häufigste Trilobit unserer Fauna und eines der am meisten für dieselbe bezeichnenden Fossilien. Sie liegt in mehr als 50 Exemplaren vor. Am häufigsten wird der Kopf und das Schwanzschild getrennt gefunden. Äusserst selten sind vollständige Exemplare mit erhaltenem Rumpf. Da dasselbe Verhalten bei dem Vorkommen der Art in Schweden und Norwegen beobachtet wird, so ist daraus wohl auf eine weniger feste Verbindung des Rumpfes mit dem Kopf- und Schwanzschilde, als es z. B. bei den typischen Arten der Gattung *Phacops* stattfindet, zu schliessen.

Erklärung der Abbildungen: Fig. 2 a stellt ein vollständiges Exemplar mittlerer Grösse dar. Die Schale selbst fehlt jedoch. Nur auf einem Stücke des Vordertheils des Rumpfes oberhalb der schief über den Rumpf verlaufenden Linie ist sie erhalten. Fig. 2 b stellt ein grosses vollständig mit der Schale erhaltenes Exemplar des Schwanzschildes von oben gesehen in natürlicher Grösse dar. Fig. 2 c dasselbe von der Seite.

PROETUS CONCINNUS. Taf. VIII. Fig. 11.

1826 *Calymene concinna.* Dalman: Palaeod. pag. 60. tab. I. fig. 4.
1839 *Asaphus concinnus.* Emmrich de Trilob. Dissert. pag. 35 (pars).
1843 *Gerastus concinnus.* Goldfuss in: Leonh. und Bronn's Jahrb. 558.
1844 *Gerastus erraticus.* (Beyrich) Oswald in: Verh. der Schles. Ges. für vaterl. Cultur 1844. pag. 221
1845 *Proetus concinnus.* Lovén in: Kongl. Vetensk. Acad. Handl. 1845. pag. 49. tab. I. fig. 2.
1846 — — Beyrich: Ueber Böhm. Trilob. II. 18. tab. III. fig. 10. (non fig. 5 et 9?)
1854 — — Angelin: Palaeontol. Scand. I. pag. 21. tab. XVII. fig. 5.
— *Forbesia concinna.* idem ibidem: pag. 97.
1857 *Proetus concinnus.* Nieszkowsky: Trilob. der Ostsee-Prov. Dorpat. pag. 43.
1858 — — Fr. Schmidt: Unters. über die Silur. Form. von Ehstland, Nord-Livl. und Oesel. pag. 189.

Die vorliegende Art zeigt entschieden alle wesentlichen Merkmale der Gattung *Proetus*, namentlich in der Bildung des Kopfschildes und im Besonderen der nierenförmigen Augen und dem Verlaufe der Gesichtsnähte, ferner in der Zahl (10) und dem Bau der Rumpf-Segmente. Das Verhalten zu anderen Arten der Gattung betreffend, so hat schon Beyrich hervorgehoben, dass das Vorhandensein eines länglichen Höckers auf jeder Seite am Grunde der Glabella für die Art auszeichnend sei. Derselbe wird durch eine schiefe Furche von dem breiten Occipital-Ringe abgetrennt. Die Mitte des Occipital-Ringes nimmt ein ganz kleiner, punktförmiger Höcker ein. Die Glabella ist glatt. Seitenfurchen sind weder als wirkliche Furchen vorhanden, noch wie bei manchen anderen Arten als Farbenstreifen angedeutet. Von der typischen Art, dem devonischen *Pr. Cuvieri* ist die Sadewitzer Art auch durch die Verlängerung der Hinterecken des Kopfschildes zu einer bis zu dem dritten Rumpf-Segmente reichenden Spitze ausgezeichnet. Der Rumpf lässt deutlich 10 Rumpf-Segmente erkennen. Die hochgewölbte Spindel verengt sich nach hinten allmählich, aber doch sehr merkbar. Das kleine Schwanzschild lässt auf den glatten Seitenlappen keine deutlichen Rippen erkennen. Die Achse ist an dem vorliegenden Exemplare verletzt, aber anscheinend ist auch sie fast glatt, ohne deutliche Ringe. Die Oberfläche des ganzen Körpers ist ohne irgendwelche ausgezeichnete Skulptur und nur mit der Lupe wird an manchen Stellen eine ganz feine Granulation erkennbar.

Nach den Angaben der schwedischen und russischen Autoren gehört die Art ausschliesslich der oberen Abtheilung der Silurischen Gruppe und zwar im Besonderen dem Kalke der Insel Gotland und der Insel Oesel an. Hier dagegen, in den Geschieben von Sadewitz, würde sie in die Unter-Silurische Abtheilung fallen. Das ist auffallend; allein, da der das einzige vorliegende Exemplar einschliessende Kalkstein durchaus die Beschaffenheit des die übrige Sadewitzer Fauna enthaltenden Kalksteins hat und Gründe, welche eine specifische Verschiedenheit von der schwedischen Art anzunehmen veranlassen könnten, nicht vorliegen, so bleibt Nichts übrig, als der Art eine grössere vertikale Verbreitung, als bisher geschah, zuzugestehen und sie der Zahl von Species zuzurechnen, durch welche die Fauna von Sadewitz, obgleich noch Unter-Silurisch, der Ober-Silurischen Abtheilung sich verbunden zeigt.

Es soll jedoch nicht verschwiegen werden, dass deutliche schwedische Exemplare des *Proetus concinnus* nicht vorlagen. Die Möglichkeit einer specifischen Differenz ist daher, trotz der Uebereinstimmung mit der Beschreibung und Abbildung, nicht ganz ausgeschlossen. In der That hat, nach Oswald's Angabe, Beyrich, dem dasselbe hier benutzte Exemplar vorlag, die Art für verschieden von *Proetus concinnus* erklärt und als *Gerastus erraticus* benannt. Später hat freilich Beyrich einer solchen specifischen Verschiedenheit nicht weiter gedacht, sondern das Sadewitzer Stück geradezu als *Prostus onciosus* abgebildet. — Für den Fall, dass sich eine specifische Verschiedenheit ergeben sollte, könnte jene frühere Benennung von Beyrich wieder aufgenommen werden.

Vorkommen: Nur ein einziges, auf der Oberfläche eines 2 Zoll langen Kalksteinstückes in gestreckter Lage ausgebreitetes Exemplar liegt vor. Dasselbe ist bis auf eine theilweise Beschädigung des Schwanzschildes ganz vollständig. Es ist dasselbe Exemplar, welches der Beschreibung und Abbildung von Beyrich, dem es durch Oswald zur Vergleichung mitgetheilt war, zu Grunde liegt.

Erklärung der Abbildung: Fig. 11 stellt das einzige vorliegende Exemplar von oben gesehen in natürlicher Grösse dar. Nur die Verletzung des Schwanzschildes ist ergänzt.

CALYMENE PERILOSA n. sp. Taf. VIII. Fig. 6.

Calymene brevicapitata. Portlock bei Nieszkowsky: Monogr. der Trilob. der Silur. Schichten der Ostsee-Prov. 1857. pag. 30.
— — Portlock (?) bei Friedr. Schmidt 1858. l. c. pag. 159.

Die allgemeine Gestalt ist durchaus diejenige der *Calymene Blumenbachii*. Die unterscheidenden Merkmale bestehen in dem tieferen Einschneiden der hinteren Seitenfurchen der Glabella in schief abwärts gehender Richtung und in der dadurch bis auf einen ganz dünnen Stiel bewirkten Abtrennung der hinteren Seitenlappen der Glabella, ferner in der ganz rudimentären, kaum erkennbaren Entwickelung der vorderen Seitenlappen und endlich in dem Vorhandensein eines etwas breiteren Zwischenraumes zwischen den vorderen Stirnlappen und dem Randwulst, als er bei *Calymene Blumenbachii* vorhanden ist. Anscheinend erreicht die Art niemals die Dimensionen der grösseren Exemplare von *Calymene Blumenbachii*, sondern überschreitet, wie auch die gleichfalls Unter-Silurische amerikanische *C. senaria*, kaum die Länge von 1 Zoll. Da auch das geognostische Vorkommen von demjenigen der *Calymene Blumenbachii* verschieden ist, so ist auf jene Merkmale um so mehr Gewicht für die specifische Trennung zu legen.

Sehr wahrscheinlich ist die Art dieselbe, welche Nieszkowsky und Fr. Schmidt unter der Benennung *Calymene brevicapitata* Portlock aus den Unter-Silurischen Schichten Ehstlands anführen. Dagegen kann ich an die Identität mit der Irischen Art, welche Portlock so genannt hat, nicht glauben, da die Abbildungen Portlock's, so unvollkommen sie sonst sind, doch deutliche vordere Seitenlappen der Glabella wie bei *C. Blumenbachii* zeigen.

Vorkommen: Es liegen 2 Exemplare des Kopfschildes und ein vollständiges mit Rumpf und Schwanzschild erhaltenes Exemplar von kaum 1 Zoll Länge vor. Das letztere ist in ein Gesteinstück eingewachsen, welches ausserdem 2 Exemplare von *Astylospongia pilula* enthält. Eines der beiden Exemplare des Kopfschildes liegt auf der Oberfläche eines 2½ Zoll langen Gesteinstückes, welches ausserdem *Leptaena serica* und *Orthis Oswaldi* enthält. Auf diese Weise ist die wirkliche Zugehörigkeit der Art zu unserer Fauna unzweifelhaft. Fr. Schmidt führt die Art nicht bloss aus der Lyckholm'schen Schicht (2a), sondern auch aus den tieferen Abtheilungen (2) und (1a) auf.

Erklärung der Abbildung: Fig. 6 stellt das grösste der vorliegenden Exemplare des Kopfschildes in natürlicher Grösse dar.

ENCRINURUS MULTISEGMENTATUS. Taf. VIII. Fig. 7 a, b, c.

1843 *Amphion multisegmentatus.* Portlock: Geol. Report of Londonderry tab. III. fig. 4.
— *Amygo herculea.* Portlock ibidem fig. 11 (das Kopfschild?).
1845 *Encrinurus multisegmentatus.* Salter in: Mem. Geol. Surv. Decade VII, pag. 7.
1854 *Cryptonymus striatus.* Angelin: Palaeontol. Scand. I, pag. 88, tab. XLI, fig. 18.
1857 *Encrinurus multisegmentatus.* Nieszkowsky: Versuch einer Monogr. der Trilob. der Ostsee-Provinzen; pag. 72

Das Kopfschild stimmt in der allgemeinen Gestalt mit demjenigen der typischen Arten des Geschlechts, des *Encrinurus punctatus* aus Ober-Silurischen Schichten der Insel Gotland überein, und namentlich zeigt er dieselbe aus groben rundlichen Warzen bestehende Skulptur der Oberfläche. Die schmalen Seitenschilder, welche vorzugsweise grob granulirt sind, werden wie bei *Encrinurus punctatus* gewöhnlich getrennt von dem Mittelschilde beobachtet. Von dem Rumpfe ist nichts bekannt. Dagegen liegen mehrere vollständig erhaltene Schwanzschilder vor. Die Zugehörigkeit zu der Gattung *Encrinurus* und das specifische Verhalten zu anderen Arten des Geschlechts hat sich vorzugsweise an diesen feststellen lassen. Das Schwanzstück ist von dreieckiger, am Ende mässig zugespitzter Gestalt. Die wenig gewölbte, fast bis zum hinteren Ende zu verfolgende Achse ist durch sehr zahlreiche (20 bis 24) Ringe quergegliedert, von denen die hintersten klein und undeutlich werden. Nur auf den Seitentheilen der Achse sind diese Ringe deutlich und vereinigen sich nicht in der Mitte, sondern lassen in der für die Gattung überhaupt bezeichnenden Art den mittleren Theil der Achse frei. Bei der typischen Art der Gattung, dem *Encrinurus punctatus*, steht auf diesem mittleren von den Querringen frei gelassenen Theile eine Reihe knopfförmiger kleiner Tuberkeln. Diese fehlen der hier zu beschreibenden Art durchaus und damit ein Merkmal, welches für die typische Art gleich auf den ersten Blick sehr bezeichnend ist. Die Seitenlappen des Schwanzschildes haben fast die doppelte Breite der Achse und sind mit regelmässigen in sanft geschlungener Biegung nach abwärts und rückwärts gebogenen ebenen und glatten Rippen bedeckt. Man zählt 11 solcher Rippen auf jedem Seitenlappen. Die beiden letzten sind sehr klein und kurz und haben eine fast mit derjenigen der Achse parallele Richtung. Am Umfange endigen die Rippen mit einer kleinen Erweiterung und bringen eine ganz leichte Kerbung des Aussenrandes hervor. Von Tuberkeln, wie sie bei *Encrinurus punctatus* vorkommen, ist bei dieser Art auch auf den Seitenlappen nichts vorhanden. Hat man Gelegenheit, das Schwanzschild von der Rückseite zu sehen, so bemerkt man, dass dem Umfange parallel eine dünne horizontale Lamelle oder ein sogenannter Umschlag sich erstreckt.

Wenn ich die vorstehend beschriebene Art mit der durch Portlock beschriebenen irischen Art vereinige, so erkläre ich doch zugleich, dass ich in Betreff der Richtigkeit dieser Identificirung keineswegs sicher bin, sondern sie lediglich auf der Vergleichung mit der wenig deutlichen Abbildung von Portlock beruht. Ebenso wenig habe ich eine sichere Gewähr dafür, dass das, was Nieszkowsky und Fr. Schmidt als *Encrinurus multisegmentatus* aus den Silurischen Schichten von Esthland aufführen, wirklich mit der Sadewitzer Art identisch sei, da mir Russische Exemplare der Art nicht zur Vergleichung vorgelegen haben. Aber hier ist die Wahrscheinlichkeit der Identität schon grösser, da die Art von Fr. Schmidt vorzugsweise aus der „Jyckholm'schen Schicht" (2a) angeführt wird, deren organische Einschlüsse mit denjenigen der Sadewitzer Fauna fast sämmtlich übereinstimmen.

Vielleicht ist auch Angelin's *Cryptonymus striatus* aus Silurischen Schichten vom Osmundsberge in Dalecarlien mit unserer Art identisch. Beschreibung und Abbildung passen wenigstens gut dazu und namentlich ist das für die Sadewitzer Art so bezeichnende Obliteriren der Querringe auf der Achse des Schwanzschildes gegen die Mitte hin, hier ebenfalls sehr bestimmt hervorgehoben. Auch das für die Schwedische Art angegebene geognostische Niveau (Angelin's *Regio Harparum* = D E) würde zu demjenigen der Sadewitzer Geschiebe passen.

Vorkommen: Von dem Schwanzschilde liegen mehrere gut erhaltene Exemplare vor. Das grösste und zugleich am besten erhaltene liegt auf der Oberfläche eines Kalksteinstückes, welches ausserdem den Taf. VIII Fig. 5a abgebildeten Kopf von *Lichas augusta*, ein unvollständiges Exemplar von *Orthis Actoni* und zahlreiche Exemplare von *Holopora scalpelliformis* enthält. Von dem Rumpfe ist nichts bekannt. Die freilich kaum zweifelhafte Zugehörigkeit des Kopfschildes beruht daher nur auf dem Zusammenvorkommen. Uebrigens sind von dem Kopfschilde nur unvollständige Exemplare beobachtet worden.

Erklärung der Abbildungen: Fig. 7a stellt das Kopfschild in natürlicher Grösse dar. Die Zeichnung ist nach den verschiedenen unvollständigen Exemplaren ergänzt. Fig. 7b giebt die Ansicht des grössten Exemplars des Schwanzschildes in natürlicher Grösse. Fig. 7c dasselbe vergrössert.

LICHAS AUGUSTA. Taf. VIII. Fig. 8a, b.

Lichas augusta. Beyrich: Ueber Trilobiten II, pag. 6, Taf. I, fig. 6. 1846.

— — Nieszkowsky: Zusätze zur Monographie der Trilobiten der Ostsee-Provinzen, nebst der Beschreibung einiger neuer Ober-Silurischen Crustaceen. Aus dem Archiv für die Naturkunde Liv-, Ehst- und Kurland's. Erste Serie. Bd. I. (pag. 345—384) besonders abgedruckt. Dorpat 1859. pag. 25 (Archiv pag. 367).

Beyrich hat diese Art nach einem Exemplare des Kopfschildes von Sadewitz, welches ihm durch Oswald mitgetheilt worden war, aufgestellt. Dasselbe ist kleiner und weniger vollständig, als dasjenige, welches unsere Fig. 8a wiedergiebt, im Uebrigen aber, wie ich mich durch die Vergleichung überzeugt habe, völlig übereinstimmend. Das auffallendste Merkmal der Art bildet die Schmalheit des mittleren Längsstreifens. Die Seitenfurchen begrenzen einen grossen elliptischen Lappen jederseits und treten in der Mitte so nahe zusammen, dass bei einer Länge des ganzen Kopfschildes von 18 millim. sie nur durch einen Zwischenraum von 1½ millim. getrennt sind. Am Grunde der Glabella wird durch eine kurze gerade Querfurche unter den grossen elliptischen noch jeder Seits ein kleiner dreieckiger oder undeutlich trapezförmiger Lappen begrenzt. Die ganze Oberfläche des Kopfschildes ist mit groben rundlichen Warzen dicht bedeckt. Die Zwischenräume zwischen den groben Warzen werden durch feine Körnchen ausgefüllt.

Eben dieser Art rechne ich nun das Fig. 8b abgebildete Schwanzschild zu, weil kein anderes Schwanzschild, welches zu dem beschriebenen Kopfschilde gehören könnte, beobachtet wurde und weil es nach Grösse und Skulptur dazu passt. Von fast halbkreisförmiger Gestalt ist es fast ganz flach in derselben Ebene ausgebreitet. Nur die Achse erhebt sich in hoher halbcylindrischer Wölbung über die Ebene, in welcher die übrige Oberfläche ausgebreitet ist. Die Achse hat kaum die halbe Länge des Schwanzschildes und fällt am hinteren Ende plötzlich steil ab. In dem vorderen Theile ist sie in zwei Ringe getheilt. Der hintere Abschnitt ist ungegliedert und nur durch einen ganz am hinteren Ende stehenden stumpf gerundeten Höcker ausgezeichnet.

Jeder der beiden Seitenlappen zeigt 6 Seitenfurchen, von denen je zwei nach hinten zu convergiren und ein lanzettliches schmales Feld begrenzen. Das mittlere dieser Felder ist das grösste und längste, das hintere das kleinste und kürzeste. Die Richtung dieses letzteren ist fast mit derjenigen der Achse parallel. Die Oberfläche des ganzen Schwanzschildes ist gekörnt, aber bei weitem nicht so grob und so gedrängt, wie das Kopfschild. Der Aussenrand zeigt keine deutlichen Lappen, sondern nur ganz unbedeutende Ausrandungen. An dem einzigen vorliegenden Exemplare ist übrigens dieser Aussenrand nicht an allen Stellen vollständig.

Beyrich hatte diese Sadewitzer Art mit einer durch Eichwald (Urwelt Russland's Heft II, Taf. III, Fig. 4) abgebildeten, aber in dem Texte nicht specifisch benannten Art der Gattung aus dem Unter-Silurischen Kalke von Wesenberg für identisch gehalten. Niesskowsky (Versuch einer Monogr. der in den Silur. Schichten der Ostsee-Provinzen vorkommenden Trilobiten. Dorpat 1857. S. 56—59), dem zahlreiche Exemplare der Eichwald'schen Art von demselben Fundorte Wesenberg vorlagen, spricht dagegen die Ueberzeugung aus, dass die Eichwald'sche Art von der Sadewitzer verschieden sei und nennt die erstere *Lichas Eichwaldi*. Unterscheidend soll namentlich die geringere Convergenz der vorderen Seitenfurchen und eine davon abhängige mehr verticale Lage der vorderen Seitenlappen bei dem *Lichas Eichwaldi* sein. In den 1859 erschienenen Zusätzen zu seiner Monographie beschreibt Niesskowsky auch *Lichas angusta* aus Russland und zwar von Worms aus Fr. Schmidt's Abtheilung (2a) d. i. aus den Lyckholmer Schichten und findet seine Unterscheidung von dem *L. Eichwaldi* bestätigt. Jedenfalls bleiben beide Arten sehr ähnlich und es wird wohl noch weiterer Bestätigung bedürfen, dass die angegebenen specifischen Unterschiede und namentlich der grössere Abstand der vorderen Seitenfurchen bei *L. Eichwaldi* wirklich beständig sind.

Nicht unerwähnt soll endlich eine gewisse Abweichung der Beschreibung des *Lichas angusta* bei Niesskowsky von dem Verhalten der vorliegenden Sadewitzer Exemplare bleiben. Nach Niesskowsky sollen die Vorderlappen der Glabella stark vorquellen und in ihrer Wölbung den Stirnlappen übertreffen. Bei dem Sadewitzer Exemplar ist dagegen die Wölbung dieser Seitenlappen und der Stirn ungefähr gleich. Das mag nach den Altersumständen verschieden sein.

Vorkommen: Von dem Kopfschilde liegen 3 Exemplare, von dem Schwanzschilde nur ein einziges vor. Der Rumpf wurde nicht beobachtet und die Annahme von der Zusammengehörigkeit des Kopf- und Schwanzschildes stützt sich daher nur auf den Umstand, dass andere Kopfschilder der Gattung *Lichas*, zu welcher das Schwanzschild gehören könnte, nicht bekannt geworden sind. Das beste Exemplar des Kopfschildes liegt auf einem handgrossen, plattenförmigen Kalksteinstücke, welches ausserdem ein Schwanzschild von *Encrinurus multisegmentatus* und *Orthis Actoni* enthält. Es ist bis auf die gewöhnlich fehlenden Randschilder (scuta marginalia) ganz vollständig und beträchtlich grösser als das in dem Berliner Museum befindliche, durch Oswald mitgetheilte Exemplar, welches der Beschreibung und Abbildung von Beyrich zu Grunde liegt. Von der specifischen Identität der Beyrich'schen Art mit der hier beschriebenen habe ich mich durch Vergleichung des erwähnten Original-Exemplars des Berliner Museums sicher überzeugen können.

Erklärung der Abbildungen: Fig. 8a stellt das beste Exemplar des Kopfschildes, dem jedoch die Randschilder fehlen, in natürlicher Grösse von oben gesehen dar. Fig. 8b das einzige vorliegende Exemplar des Schwanzschildes in natürlicher Grösse.

CHEIRURUS ORNATUS. Taf. VIII. Fig. 9.

1839 *Calymene ornata.* Dalman in: Vetensk. Acad. Arch. pag. 134
1854 *Chirurus ornatus.* Angelin: Palaeontol. Scand. I. pag. 31. tab. XXI. fig. 1

Nur Kopfschilder der Art in einer etwas abgeriebenen Erhaltung liegen vor. Die Vergleichung der-selben mit einem bei Husbyfjöl in Ost-Gothland von mir selbst gesammelten Exemplare ergiebt eine Ueber-einstimmung in allen wesentlichen Merkmalen. In Schweden soll die Art dem Orthoceren-Kalke (Angelin's Regio C.), also einem tieferen Niveau, als demjenigen der Sadewitzer Fauna angehören. Aus Ehstland wird die Art durch Niesskowsky und Friedr. Schmidt überhaupt nicht aufgeführt.

Vorkommen: Es liegen 3 Exemplare des Kopfschildes, jedoch ohne die Randschilder vor. Vom Rumpf- und Schwanzschilde ist Nichts bekannt geworden.

Erklärung der Abbildung: Fig. 9 stellt das grösste der vorliegenden Exemplare in natürlicher Grösse dar. Die Hörner, in welche die Hinterecken des Kopfschildes auslaufen, können möglicher Weise länger gewesen sein, als die Abbildung zeigt.

CHEIRURUS (Cheirurus) sp. (?) Taf. VIII. Fig. 10.

Ein kaum mehr als erbsengrosses, kugeliges Kopfschild mit den für *Cheirurus* bezeichnenden Merkmalen. Die Randschilder fehlen, wie gewöhnlich, bei der Gattung. Die Art stimmt mit keiner bekannten vollständig überein. Bei der Unvollständigkeit der Erhaltung der vorliegenden Reste wird jedoch von der Errichtung einer neuen Art abgestanden.

Vorkommen: Nur 2 Exemplare des Kopfschildes liegen vor. Beiden fehlen die Randschilder.

Erklärung der Abbildung: Fig. 10 stellt das grössere der beiden vorliegenden Exemplare in natürlicher Grösse dar.

REMOPLEURIDES SANTA. Taf. VIII. Fig. 12.

Nileus nanus. Max Herzog von Leuchtenberg: Beschreibung einiger neuer Thierreste der Urwelt. St. Petersburg 1843 pag. 13. tab. I. fig. 11. 13. (?)

Nur einige Exemplare der Glabella und ein unvollständig erhaltenes Stück des Rumpfes liegen vor. Der fast kreisrunde Umriss der Glabella und der abwärts gebogene, zungenförmige Fortsatz am vorderen Ende derselben sind so auffallende Merkmale, dass trotz der Unvollkommenheit der Erhaltung die Zuge-hörigkeit der Stücke zu der Gattung *Remopleurides* nicht zweifelhaft ist und nur die specifische Bestimmung in Frage kommen kann. Bekanntlich haben Portlock, Salter und Barrande mehrere Arten aus Unter-Silurischen Schichten Irland's, England's und Böhmen's beschrieben. Dagegen erwähnen weder Eichwald, noch Fr. Schmidt oder Niesskowsky das Vorkommen der Gattung in den Silurischen Schichten der russischen Ostsee-Provinzen. Nur der Herzog von Leuchtenberg hat ein Fossil von Pulkowa bei Petersburg beschrieben, welches nicht nur wahrscheinlich generisch zu *Remopleurides* gehört, sondern vielleicht mit unserer Art identisch ist. Barrande (Syst. Silur. du centre de la Bohême Vol. I. Trilob. pag. 357) hat zuerst darauf aufmerksam gemacht, dass der als *Nileus nanus* durch den Herzog von Leuchtenberg aus den

Silurischen Schichten der Gegend von Petersburg beschriebene kleine Trilobit wahrscheinlich ein *Remopleurides* sei. Mir selbst erscheint diese Vermuthung, obgleich ich nur nach der rohen Abbildung und unvollkommenen Beschreibung urtheilen kann, wohl begründet und da es an sich mehr Wahrscheinlichkeit für sich hat, dass die Sadewitzer Art mit einer Russischen, als mit einer Englischen oder Böhmischen Art übereinstimmt, so stelle ich die Sadewitzer Art vorläufig zu jener Art des Herzogs von Leuchtenberg. Mag sich diese specifische Bestimmung jedoch als begründet erweisen oder nicht, in jedem Falle ist die Gattung *Remopleurides* vertreten. Das geognostische Niveau der Geschiebe von Sadewitz passt auch gut zu demjenigen, welchem die übrigen bekannten Arten von *Remopleurides* angehören. Sowohl die irischen, wie die englischen und die böhmischen Arten haben ihre Lagerstätte in der oberen Abtheilung der Unter-Silurischen Schichtenreihe.

Vorkommen: Es liegen 3 Exemplare der Glabella vor. Sie sind in Gesteinsstücke eingeschlossen, welche zugleich andere bezeichnende Arten der Sadewitzer Fauna einschliessen, so dass in Betreff der wirklichen Zugehörigkeit der Art zu unserer Fauna kein Zweifel übrig bleibt.

Erklärung der Abbildung: Fig. 12 stellt das grösste der vorliegenden Exemplare der Glabella von oben gesehen in natürlicher Grösse dar.

ALPHABETISCHES VERZEICHNISS DER BESCHRIEBENEN ARTEN.

INHALT.

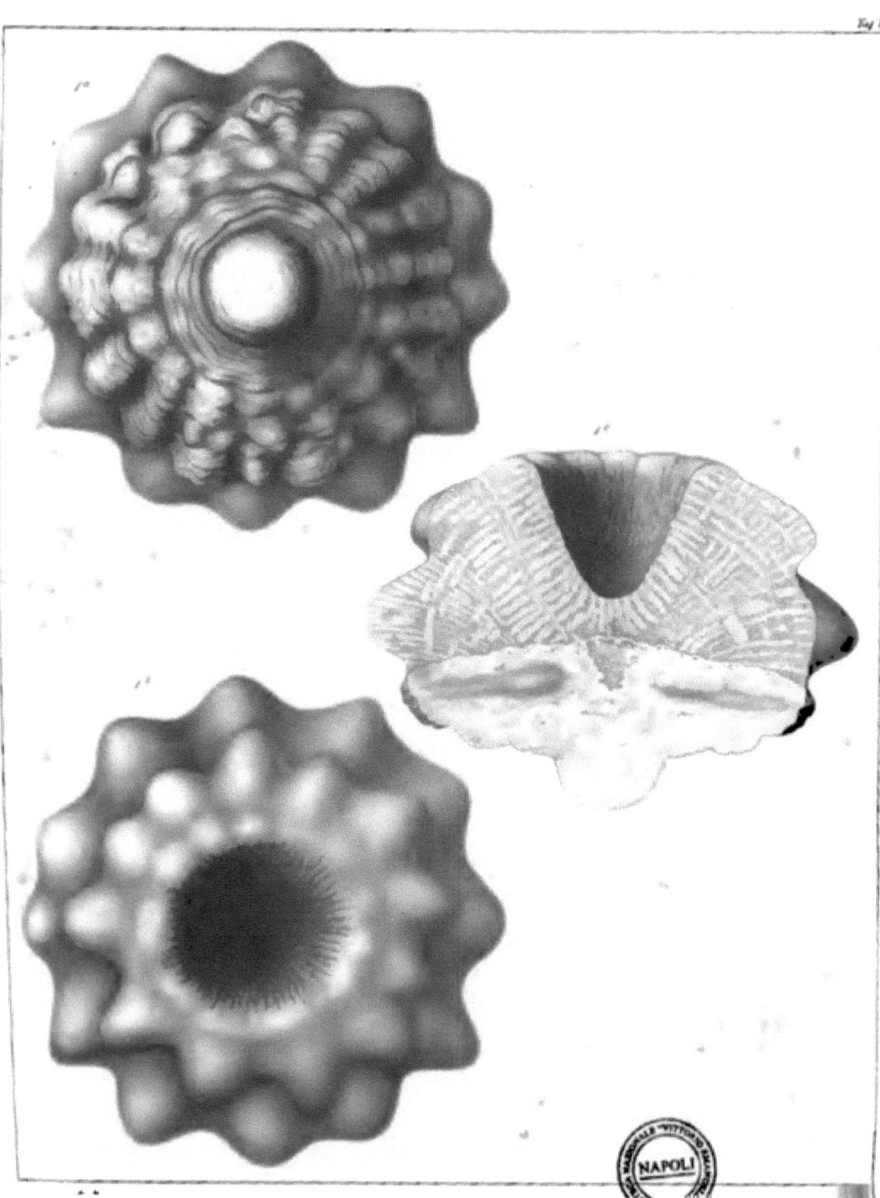

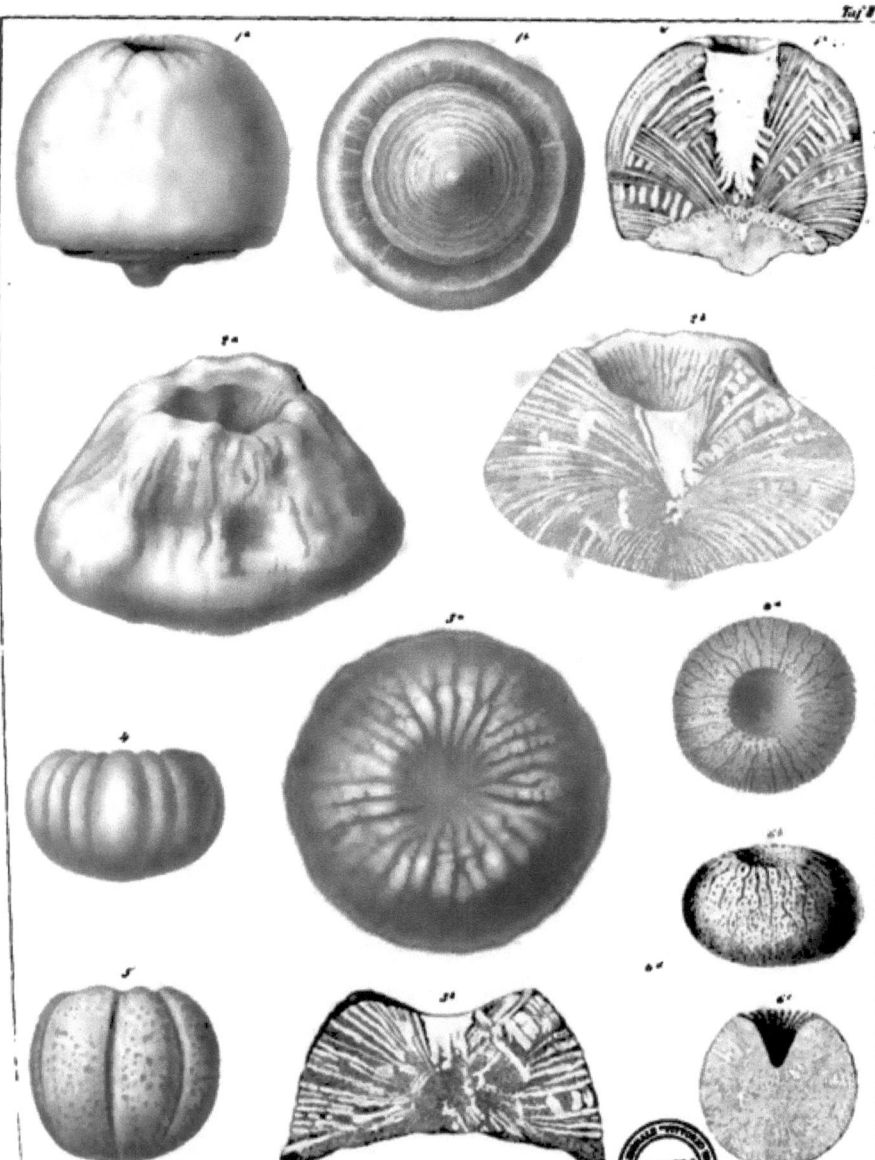

Tafel III.

Spongien.

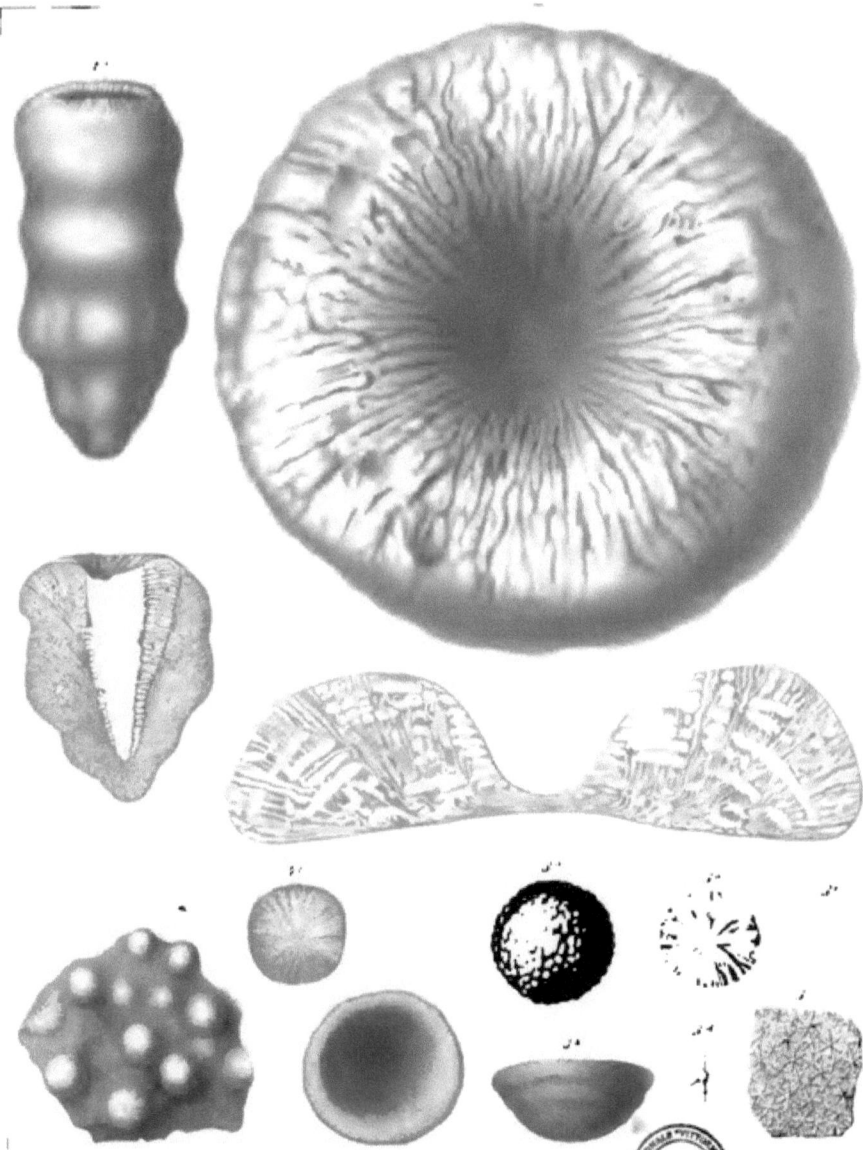

Tafel IV.

Anthozoen.

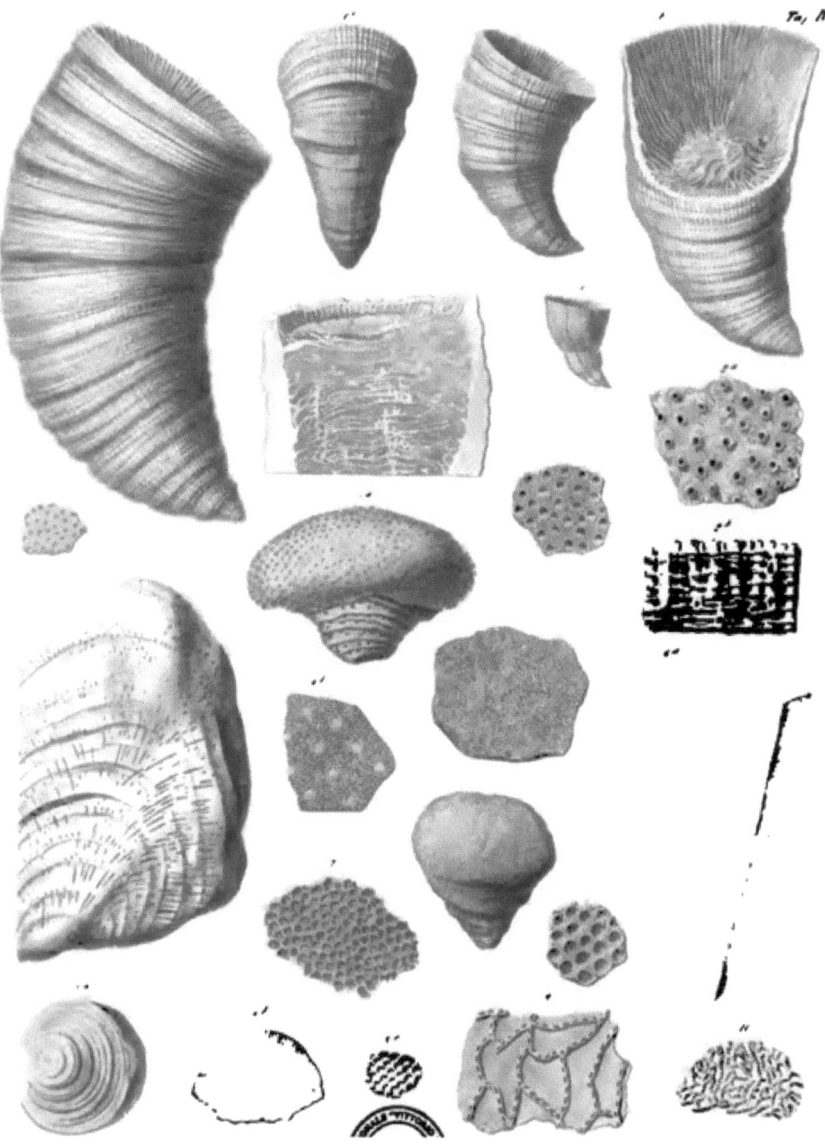

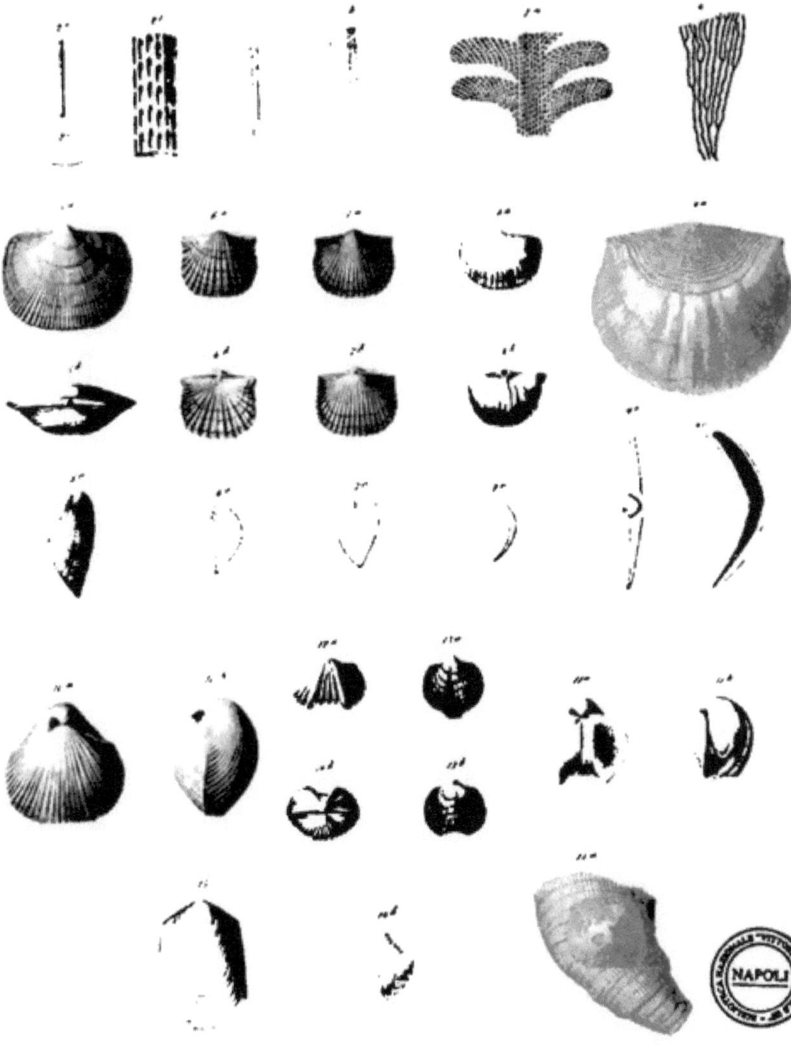

Tafel VI.

Gasteropoden und Cephalopoden.

Fig. 1. Holopea ampullacea. S. 51.

Fig. 2. Lituites antiquissimus. S. 62.

Fig. 3. Orthoceras sinuoso-septatum. S. 59.

Fig. 4. Phragmoceras rectiseptatum. S. 61.

Tafel VII.

Cephalopoden und Pteropoden.

Fig. 1. Orthoceras vaginatum. S. 61

Fig. 2. Orthoceras duplex. S. 60.

Fig. 3. Orthoceras textum-araneum. S. 58.

Fig. 4. Orthoceras clathrato-annulatum. S. [illegible]

Fig. 5. Orthoceras regulare? S. 57.

Fig. 6. Orthoceras sinuoso-septatum. S. 59.

Fig. 7. Arcestes subularis. S. 55.

Tab 18

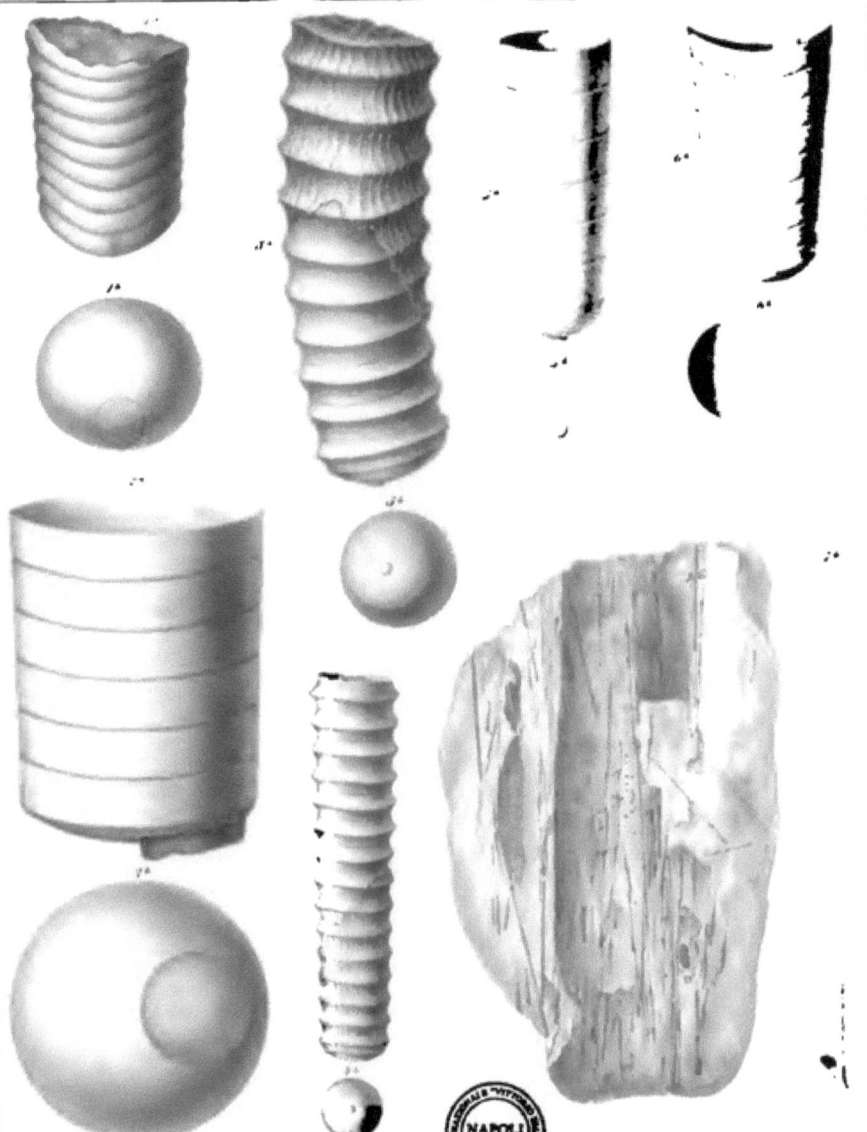

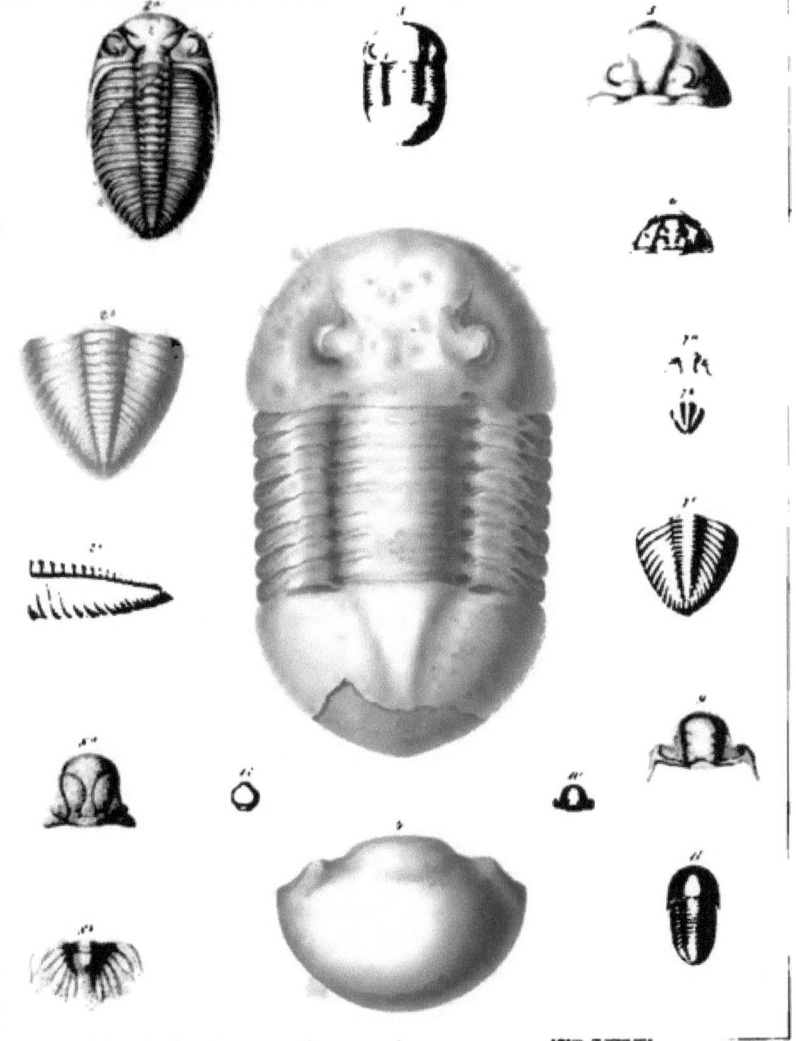